Steve Ayan
Hilfe, wir machen uns verrückt!

PIPER

Zu diesem Buch

»Es wird Zeit, dass wir die Kirche im Dorf lassen«, fordert Steve Ayan, »Psychologie taugt nicht als Ersatzreligion.«

Der Autor zeigt auf anschauliche Weise, warum die Suche nach der inneren Balance schnell in die Grübelfalle führt. Sich andauernd selbst im Blick zu haben und das eigene Befinden an den Versprechen der Psychobranche zu messen, lässt uns vermeintliche Defizite besonders schmerzlich empfinden. Getrieben vom Mythos der Machbarkeit halten wir unser Lebensglück für eine Frage der Disziplin und des richtigen Know-how. Doch je mehr wir uns abstrampeln, um endlich rundum zufrieden zu sein, desto schneller entfernen wir uns vom Ziel. Selbstoptimierung ist nicht der Schlüssel zum Glück, das macht Ayan in seinem Buch deutlich. Denn wer sein Denken und Fühlen ständig unter Kontrolle halten will, der gewinnt nichts und verliert viel – nämlich eine Gabe, die uns die schönsten Momente beschert: Selbstvergessenheit.

Ein erhellendes Plädoyer für mehr Gelassenheit im Umgang mit uns selbst und ein Wegweiser aus dem Labyrinth des Psychomarkts.

Steve Ayan, geboren 1971 in Berlin, studierte Literaturübersetzen, Psychologie und Wissenschaftsjournalismus. Seit 2003 arbeitet er als Redakteur beim Verlag Spektrum der Wissenschaft in Heidelberg.

Steve Ayan

Hilfe, wir machen uns ver rückt!

Wege aus der Psycho-Falle

Piper München Zürich

Mehr über unsere Autoren und Bücher:
www.piper.de

Ungekürzte Taschenbuchausgabe
Juli 2015
© Pendo Verlag in der Piper Verlag GmbH, München/Berlin 2012
Umschlaggestaltung: Mediabureau Di Stefano, Berlin
Umschlagabbildung: Kate Manson/toonpool
Satz: Satz für Satz. Barbara Reischmann, Wangen im Allgäu
Gesetzt aus der Quadraat
Druck und Bindung: CPI books GmbH, Leck
Printed in Germany   ISBN 978-3-492-30646-1

Für T.

INHALT

VORWORT
Wozu dieses Buch?

»Ja, renn nur nach dem Glück,
doch renne nicht zu sehr!
Alle rennen nach dem Glück,
das Glück rennt hinterher.«
Bertolt Brecht

Von der Wallfahrtskirche Mariä Himmelfahrt auf dem Hohen Peißenberg genießt man einen weiten Blick über das Alpenvorland. So weit das Auge reicht, nichts als Wald, Wiesen, Äcker und in der Ferne eine Ahnung mächtiger Berge. Dort oben stand ich eines Nachmittags und betrachtete das Postkartenidyll, als mir die Idee zu diesem Buch kam.

In einem Seminarhaus wenige Kilometer entfernt hatte ich zuvor zwei Tage lang meine Seelenlandschaft erkundet. Ich hatte mit Buntstiften die in verschiedenen Phasen meines Lebens vorherrschenden Stimmungen auf Papier gebannt. Ich hatte einschneidende Erlebnisse Revue passieren lassen und versucht, mir darüber klar zu werden, wie und warum ich der geworden war, der ich bin. In einer zur Auflockerung eingestreuten Zweierübung sah ich meine Tischnachbarin Jutta* eine Weile lang stumm an und sprach anschließend darüber, was

---

* Alle Namen in den Fallbeispielen sind verändert.

das mit mir gemacht hatte. Jutta ihrerseits brauchte nur Sekunden, um mich zu durchschauen. Wer so offen auf andere zugehe wie ich, werde schnell enttäuscht, erklärte sie. Solche Verletzungen kenne sie nur zu gut. Deshalb habe sie sich auf Seminaren wie diesem einen »Ego-Panzer« zugelegt.

Der Zweck der Übung bestand offenbar darin, den anderen zur Selbstreflexion anzuregen. Also bemühte ich mich, meinen spontanen ersten Eindruck von Jutta möglichst unverfälscht wiederzugeben. Doch wenn ich ehrlich bin, war das wache Interesse, das ich ihr bescheinigte, vielleicht doch eher Unruhe.

Egal, was gerade Thema war, Jutta erzählte spätestens nach jedem zweiten Satz nur noch von sich. Sie verkündete munter, wie inspirierend das neue Buch von Paolo Coelho war, wie sehr die gemeinsame Biografiearbeit ihre verschiedenen Persönlichkeitsanteile miteinander in Einklang brachte und wie bereichernd sie es fand, anderen zu einem tieferen Bewusstsein ihrer eigenen inneren Mitte zu verhelfen. Das sei auch dringend nötig, um in der heutigen Zeit mit ihrer maßlosen Hast und Oberflächlichkeit an der Psyche heil zu bleiben.

Danke, Jutta! Ohne dich wäre dieses Buch vielleicht nie entstanden. Denn du hast mich auf einen Gedanken gebracht, der zum roten Faden der nachfolgenden Kapitel wurde: Der Tanz ums goldene Ich macht uns weder weiser noch glücklicher. Sondern nur schwindelig. Sich ständig mit sich selbst zu beschäftigen, wie es so viele von uns tun, verstellt den Blick aufs Wesentliche und schadet unter Umständen mehr, als es nutzt.

Der Grund dafür liegt in einem paradoxen Effekt der Selbstbespiegelung. Wer allzu verbissen nach dem Ich sucht, entfernt sich immer weiter davon; und wer permanent an seinem Seelenwohl arbeitet, produziert damit immer neue Bedenken und Nöte. Und stürzt so erst recht in die Krise, aus der er sich eigentlich retten will.

Bedenken? Nöte? Für Jutta ein gefundenes Fressen! Sie hing der Seminarleiterin an den Lippen, die über die Bedrohungen unseres Seelenheils dozierte. Jede Selbstoffenbarung eines Teilnehmers (»Ich kann nicht Nein sagen, weil ich als Kind zu wenig Anerkennung bekam«) entlockte Jutta gut gemeinte Ratschläge wie »Lass deine Gefühle ein Stück weit zu« oder empathische Ich-Botschaften: »Ich spüre da eine Sehnsucht in dir.«

Am Ende des Seminars, beim Abschied nach der Schlussentspannung, drückte sie fest meine Hand, sah mir in die Augen und sagte: »Zu sich selbst zu finden ist ein steiniger Weg. Ich wünsche dir viel Kraft!« In diesem Moment ahnte ich, wie ernst es ihr damit war. Und dass sie das, wonach sie suchte, womöglich nie finden würde.

Jutta ist nicht allein. Viele Menschen treibt heute der Wunsch, sich selbst zu finden. Wer bin ich? Was will ich? Was soll ich tun? Das sind die großen Fragen unseres Lebens. Wir wollen unsere wahren Bedürfnisse erkennen und mehr bei uns sein, statt es immer nur den anderen recht zu machen. Wir versuchen – oft mithilfe von Kursen und Coachings oder durch Lektüre einschlägiger Ratgeber – uns selbst zu verwirklichen, Konflikte zu klären und unser Leben besser in den Griff zu bekommen. »Endlich diese schlechte Angewohnheit ablegen!« »Sich nie mehr über sich selbst ärgern!« »Einfach intuitiv richtig entscheiden!« Das klingt verlockend.

Aber mal ehrlich, wie viele Menschen kennen Sie, die solchen Ansprüchen gerecht werden? Ich keinen. Stattdessen fallen mir eine Menge Leute ein (ich selbst eingeschlossen), die im Labyrinth der wohlfeilen Erklärungen und Psychotipps umherirren. Dass wir Ist und Soll nie so recht zusammenbringen, liegt nicht etwa daran, dass wir uns *zu wenig* bemühten – im Gegenteil: Vor lauter Ehrgeiz, den ultimativ richtigen Glückspfad einzuschlagen, machen wir uns selbst verrückt.

Mit dem Appell zur Ichbeschau fördert eine boomende Psychoindustrie die Nachfrage nach ihren Diensten. Tausende von Helfern, Heilern und Seelengurus spenden Rat in allen Lebenslagen. Die Coaching- und Therapieszene verzeichnet stetige Zuwächse, seit Selbstoptimierung zur Devise für jedermann wurde. Besser entspannen, besser denken, besser drauf sein – vermeintlich alles kein Problem. Doch gleichzeitig wächst die Zahl derer, die sich überfordert und unzufrieden fühlen. Wie kommt das? Woran scheitert das Versprechen vom psychologisch fundierten Selbstmanagement? Und warum fallen wir trotzdem immer wieder darauf herein?

Je mehr Traditionen und Vorbilder uns abhandenkommen, desto mehr dürsten wir nach neuen Sinnangeboten. Die Seelenkunde scheint hierfür wie geschaffen, denn sie verbindet Lebensnähe mit wissenschaftlicher Exaktheit. »Die Lücke zwischen der Freiheit des Individuums und der Sorge für die besten Entfaltungsmöglichkeiten des freien Individuums stopft die Psychologie«, konstatierte vor Jahren die Journalistin Miriam Gebhardt.[1] Seither ist der Bedarf an Lebenshilfe noch rasant gestiegen.

Doch statt uns Sicherheit zu geben, fördert die Ratgeberindustrie nur die allgemeine Verwirrung. Ihre Glücksrezepte sind der Dünger, der unsere Ansprüche in den Himmel wachsen lässt. Der Traumjob, die große Liebe, Harmonie mit sich selbst – mit den richtigen Psychotricks rücke das endlich in greifbare Nähe. Zustände des Unbehagens oder Missmuts dagegen sind zum No-go geworden.

Wir leben in einer Maximierungskultur, deren größter Feind das Risiko ist. Gefährdet ist längst nicht nur, wer ohne Helm Rad fährt oder den jährlichen Vorsorge-Check-up versäumt. Auch auf seelischem Gebiet wähnen wir uns laufend bedroht von Traumata, Ängsten und Schwermut – durch verständnislose Eltern, fiese Chefs, mobbende Kollegen, unsensible Partner, ewig fordernde Kinder.

Bin ich noch normal? Diese Frage stellen sich heute bereits Grundschüler, deren überschäumendes Temperament man zur Aufmerksamkeitsdefizitstörung erklärt. Junge Erwachsene schlittern, kaum dass sie auf eigenen Beinen stehen, in die Quarterlife-Krise. Und Millionen Arbeitnehmer fühlen sich als Burnout-Opfer.

Nicht, dass Sie mich falsch verstehen: Natürlich gibt es gravierende psychische Störungen, die großes Leid verursachen. Wer an einer Depression, an Angstzuständen, Sucht, Zwang oder anderen Seelenleiden erkrankt, sollte bestmögliche Hilfe erhalten – keine Frage! Doch wir pathologisieren immer öfter auch Befinden, das zum Leben dazugehört. Die Angst vor einer Prüfung, beruflicher Stress, Durchhänger, Liebeskummer, familiärer Zwist, unerfüllte Sehnsüchte, ja negative Gefühle jeglicher Art erscheinen nicht länger hinnehmbar. Indem wir Dinge, die beinah unvermeidlich sind, als inakzeptable Notlagen betrachten, gerät unser Alltag zum Minenfeld. Und schon schlägt die Stunde der Psychoexperten.

Ihre Branche ist ein bunt gemischter Haufen. Motivationstrainer mit einstudierten Phrasen tummeln sich hier ebenso wie Esoteriker, die uns auf höhere Bewusstseinsstufen bugsieren wollen. Gut organisierte Zirkel wie die Freunde des Neurolinguistischen Programmierens (NLP) oder der Familienaufstellung finden sich neben Selfmade-Heilern, die auf ihren ganz eigenen Ansatz der »sanften Energiearbeit« schwören. Berater, Coachs und Therapeuten jeglicher Couleur weisen den Weg zur inneren Harmonie. Ob Achtsamkeit, Handauflegen oder Übungen im positiven Denken – viele Anbieter kombinieren Halb- oder Ganzseidenes mit durchaus anerkannten Behandlungstechniken. Wellness, Esoterik und Lebenshilfe gehen fließend ineinander über. Die einen wollen unser Körperempfinden schärfen, die anderen zu spiritueller Erleuchtung verhelfen, die Nächsten doktern an unbewussten Gefühlsmustern herum. Doch fast allen Psychomethoden ist zweierlei gemeinsam: erstens das Ziel, tief greifende Veränderungen im Leben der Kunden zu bewirken, und zweitens der Weg dorthin. Denn der führt nahezu unausweichlich über *mehr* Sensibilität, *mehr* Bewusstsein, *mehr* In-sich-Hineinhorchen! Von dem Irrtum, das zum Allheilmittel zu erheben, handelt dieses Buch.

Erkunden Sie mit mir die wundersame Welt des Psychokults. Finden Sie heraus, wie hilfsbedürftig Sie wirklich sind und warum die Suche nach der inneren Balance so schnell in die Grübelfalle führt. Ergründen Sie Ihr Innerstes und erfahren Sie, warum »es« in Ihnen denkt. Lernen Sie, warum wissenschaftlich bewiesen nicht unbedingt wahr bedeutet, lassen Sie sich den Psychojargon auf der Zunge zergehen und staunen Sie über die Mythen der Seelenkunde. Vor allem aber: Lassen Sie mal locker – denn selbstvergessen lebt sich's leichter!

Permanent das Ich im Blick zu haben und das eigene Befinden an den Slogans der Psychobranche zu messen, lässt uns die täglichen Probleme besonders schmerzlich empfinden. Der Schuh drückt eben umso mehr, je stärker man sich darauf konzentriert; und so fördert intensive Innenschau mitunter gerade jene Nöte, die wir durch sie zu lindern hoffen. Der Mythos der Machbarkeit verleitet uns dazu, persönliches Lebensglück nur für eine Frage der Disziplin und des Know-hows zu halten. Klappt es damit nicht, sind wir selbst schuld.

Gibt es einen Ausweg aus dieser Zwickmühle? Sollen wir etwa in seliger Ignoranz durchs Leben stolpern? Uns ein möglichst dickes Fell zulegen und bloß nicht mehr über uns nachdenken? Vergessen Sie's! Sich die Selbstbeschäftigung ausreden zu wollen funktioniert ungefähr so gut, wie vorsätzlich spontan zu sein.[2] Trotzdem: Wir können sie wenigstens ab und zu austricksen! »Man sollte sich nicht andauernd mit seiner Psyche befassen. Dafür ist sie nicht gebaut«, erklärt der Kölner Psychiater Manfred Lütz.[3] Ein erster Schritt in diese Richtung ist es, sich von der Idee zu verabschieden, man könnte durch exakte Analyse und Selbstkontrolle alles in den Griff bekommen. Richten Sie sich stattdessen lieber »denkfreie Zonen« in Ihrem Alltag ein. Es gilt, die hohe Kunst der Selbstvergessenheit, die uns der Psychokult fast ausgetrieben hat, neu zu entdecken – denn wer vom Tiefschürfen eine Pause macht, kommt dem Glück näher, als (wenn) er denkt.

Dieses Buch hat drei Teile. Im ersten geht es um die Gesellschaft, in der wir leben, um die Inflation der Seelennöte und um die Frage, warum wir so ein Problem damit haben, Probleme zu haben. Der zweite Teil handelt von der Psychologie als Wissenschaft und erklärt, warum sie so anfällig für Legenden ist. Der dritte Teil schließlich schildert die Folgen des Psychokults im Alltag – etwa bei der Partnerwahl und der Kindererziehung – und zeigt, wie wir es schaffen, uns nicht dauernd selbst verrückt zu machen.

»Höre nicht auf die Ratgeber!« – Das klingt verdächtig nach jenem Kreter, der sagt, alle Kreter lügen. Zugegeben. Aber es wird Zeit, dass wir die Kirche im Dorf lassen: Psychologie taugt nicht als Ersatzreligion.

SEELENHEIL

1
MODERNE SCHAMANEN
Vom Boom der Psychoindustrie

»Ten thousand spoons when all
you need is a knife – isn't it ironic?«
Alanis Morissette

Es ist halb vier Uhr morgens, und ich bin hellwach. Neben mir im Bett schläft tief und fest meine Frau. Ihre Schulter ist ein heller Fleck, darüber lugt ein Knäuel Haare zwischen den Kissen hervor. Mit jedem ihrer Atemzüge hebt und senkt sich leicht die Decke, und je länger ich darauf starre, desto mehr kommt es mir so vor, als würde sich das ganze Bett bewegen. Alles beginnt zu schwanken, zuerst sanft, dann immer stärker. In unserer weich gepolsterten Nussschale schaukeln wir gemeinsam durch die Nacht. Als ich genug davon habe, schließe ich die Augen – und das Wogen ebbt ab.

Kennen Sie das Gefühl, wenn einem die alltäglichsten Dinge auf einmal fremd erscheinen, nachdem man sie lange und intensiv betrachtet hat? Legen Sie zum Beispiel eine Hand (sagen wir Ihre linke, dann können Sie mit der rechten weiter das Buch halten) ausgestreckt vor sich hin. Und jetzt sehen Sie sich diese Hand einmal ganz genau an. Verfolgen Sie die Sehnen und Adern auf Ihrem Handrücken, inspizieren Sie das Muster der Hautfalten, die Knöchel und feinen Härchen. Betrachten Sie die Ausstülpungen Ihrer Finger, die aus dem Handballen wachsen und von harten Plättchen gekrönt werden. Wenn Sie dieses Spiel eine Weile treiben, geschieht irgendwann etwas Verblüffendes: Plötzlich erscheint Ihnen Ihre Hand als das sonderbarste Ding auf der Welt. Gehört dieses knochige Etwas wirklich zu mir? Wenn Sie sich das fragen, haben Sie sich erfolgreich von Ihrem eigenen Körper entfremdet. Ein eigenartiges, auch etwas gruseliges Gefühl.

Genauso geht es uns heute mit dem Ich. Wir starren es wie hypnotisiert an, drehen und wenden es nach allen Seiten, bis es zu einem rätselhaften Fremdling mutiert. Die Geschichte dieser Selbstentfremdung begann mit der Idee, tief in unserem Inneren gebe es ein »wahres Ich«, das unter den Masken des Alltags verborgen liege. Statt sich zu verstellen oder Traumbildern nachzujagen, tue man besser daran, sich selbst zu erkennen und möglichst authentisch zu sein. Denn nur so könne man wirklich glücklich werden.

Also horchen wir in uns hinein und ergründen die aktuelle Seelenlage. Geht es mir gut? Wie kann ich mich verwirklichen? Was steht mir im Weg? Wir hinterfragen Gefühle, Urteile und Einstellungen. Verliere ich zu leicht die Beherrschung? Warum kann ich so schlecht Nein sagen? Bin ich perfektionistisch? Und wir feilen an unseren Stärken und Schwächen. Welche Potenziale stecken in mir? Und was will ich im Leben überhaupt erreichen?

Hier kommt der zweite Grund für die große Selbstentfremdung ins Spiel: Wir glauben, ständig an uns arbeiten zu müssen. Aufmerksame Seelenpflege scheint nötig, um den Anforderungen des Alltags gewachsen zu sein, um Stress abzubauen, die tägliche Informationsflut zu bewältigen und stets das Beste aus den sich bietenden Gelegenheiten zu machen.

So folgt auf Selbsterkenntnis die Selbstverbesserung. »Nutze deine Talente!« »Sende die richtigen Signale!« »Beherrsche dich selbst!« Dieser Optimierungsdruck hat allerdings eine bittere Kehrseite: die Angst vor dem Versagen. Sie führt dazu, dass wir nichts dem Zufall überlassen wollen und am liebsten jede Unwägbarkeit aus unserem Alltag verbannen würden. Schier alles bedarf eines durchdachten Konzepts und der Planung. Fleischesser oder Vegetarier? Pauschalurlaub oder Individualreise? Beamtenlaufbahn oder Karriere? Etwas ausprobieren und dann mal weiterschauen – das war gestern.

Es spricht natürlich gar nichts dagegen, dass wir das Richtige tun wollen und uns ein besseres Leben wünschen. Nur setzen wir dabei allzu schnell auf mundgerecht servierte Glücksrezepte. Sie werden von der Ratgeberindustrie am Fließband produziert.

Seelenmassage im Blätterwald

Ein Anzugträger im Liegestuhl am Strand, die Hände lässig hinter dem Kopf verschränkt. »Anleitung für ein besseres Leben« steht auf der Titelseite von ZEIT Wissen Ratgeber – »Wie wir die Balance zwischen Arbeit und privatem Glück finden«. Dazu gibt es die passende Anleitung im Großen Serviceteil: »Was hilft gegen Stress, Burnout, Perfektionismus, Schlafstörungen, Prokrastination und Redeangst«.

Gleich daneben liegt GEO Wissen mit »Was die Seele stark macht: Hilfe bei Burnout, Ängsten, Depression«. Der Spiegel macht auf mit »Schlafstörungen – Wenn die Nacht zum Albtraum wird«, und Focus titelt »Burnout vermeiden: Wie Sie Ihr Leben klug organisieren«. Psychologie heute rät »Öfter mal Nein sagen – Die beste Medizin gegen Burnout«. Stern Gesund Leben will uns das Älterwerden erleichtern: »Gesundheit, Fitness, Lebensfreude – der große Ratgeber für Männer und Frauen«. Und falls es mit dem Best-Aging doch nicht recht klappt, liefert *Focus Spezial* »Deutschlands umfangreichste Ärzteliste: die neuen Diagnoseverfahren und Therapien«, natürlich mit *Extra* »Stress und Burnout: Die besten Strategien gegen die tägliche Überforderung«.

Ein paar Hefte weiter schlägt *Zeit Wissen* (»Die Kunst der Entscheidung«) in die gleiche Kerbe wie das Esoterikmagazin *happinez* (»Welchen Weg soll ich gehen?«), mit unvermeidlichem Selbsttest: »Bin ich ein Erde-, Luft-, Wasser- oder Feuer-Typ?« *Spiegel Wissen* erklärt uns »Die Kunst der Erziehung – mit großem Eltern-Test«, und passend dazu berichtet der *Spiegel* der nächsten Woche vom »überförderten Kind«. *Nido* fragt »Nur wild oder schon hyperaktiv? Der unheimliche Anstieg von ADHS-Diagnosen«, und der *Stern* lenkt unser Augenmerk auf eine viel zu lang verkannte Volkskrankheit: »Liebeskummer – das unterschätzte Leiden«. Dies ist die Ausbeute eines einzigen Ausflugs in den Blätterwald.[1]

Psycho- und Beziehungsthemen waren lange Zeit eine Domäne der Frauenzeitschriften. Ihnen haftete der Makel des Seichten und Geschwätzigen an. Heute bedienen Titelgeschichten und Serien quer durch alle Medien den Wunsch nach psychologischer Lebenshilfe. Fragen der Persönlichkeit, des Gefühlsmanagements und der Vermeidung von Seelenpein sprechen jeden an, seit wir uns fragen, wie man sein Leben am besten einrichten und mit Belastungen umgehen soll.

Das Internet wurde zum Umschlagplatz für alle Arten von Tipps zum Seelen-Tuning. Die Begriffe »Psychologie« und »Lebenshilfe« produzieren bei Google mehr als 1,8 Millionen Treffer.[2] Ein Großteil davon führt zu Howto-Anleitungen für all jene, die den Traumpartner, den Traumjob, die eigenen Traummaße oder ein anderes großes Los suchen. Kombiniert mit Angeboten für Kurse,

DVDs, Bücher und Experten-Hotlines wollen viele Websites zum Nichtrauchen anleiten, den inneren Schweinehund überwinden helfen, Wege aus dem Motivationstief oder aus seelischen Krisen weisen, zu mehr Selbstvertrauen, Überzeugungskraft und Durchsetzungsvermögen, zu weniger Ängsten, Selbstzweifeln oder Partnerproblemen.

Nicht zu vergessen die unzähligen Foren und Selbsthilfegruppen, in denen sich Betroffene über ihre Nöte austauschen. Hier suchen und finden sich Schüchterne und Hypersensible, verunsicherte Eltern, Männer in der Selbstfindung, Frauen in Führungspositionen, Hochbegabte, Prüfungsängstliche und verbitterte Senioren, Menschen mit Aufschieberitis oder Naturdefizitstörung, Kaufsüchtige und Workaholics, Sinn- und Zwecksucher. Kurz: Für unser Seelenheil ist bestens gesorgt.

Facetten der Psychobranche

Die Psychoindustrie entwickelte sich in den letzten Jahren zu einem blühenden Wirtschaftszweig.[3] Experten aller Couleur stimulieren die Nachfrage nach ihrem Know-how mit immer neuen Appellen. Das Spektrum reicht von pragmatisch bis spirituell: Während Karrieretrainer an der Stressresistenz ihrer Klienten feilen, finden in der Alternativszene Bioenergetik und Quantenheilung Zulauf. Die Seelengurus bieten Antworten auf alle Fragen des Alltags und geben Entscheidungshilfen. Vielerorts sprießen Institute für »Persönlichkeitsentwicklung« oder »ganzheitliches Wohlbefinden« aus dem Boden, in denen man seine emotionale Kompetenz erweitern und Blockaden lösen kann. Zu den rund 50 000 Seelenärzten und Psychotherapeuten hierzulande gesellt sich ein Heer von Coachs, Beratern und Heilpraktikern, viele davon im Nebenberuf tätig.[4] All jene Psychoexperten in Volkshochschulen, Fortbildungsakademien, Assessmentcentern, Partnerbörsen und Unternehmensberatungen hinzugerechnet, kommt man auf gut und gerne 100 000 Profis – Tendenz steigend.

Selbst Reiseveranstalter haben den Psychomarkt für sich entdeckt. Laut dem Münchner Anbieter »Miraven Travel« etwa können Urlauber am Feriendomizil »eine positive Einstellung gegenüber sich selbst und ihrem Leben einnehmen, mit der sie Herausforderungen besser und effektiver begegnen«.[5] Eine Reihe »strukturierter Coachingeinheiten« soll den Kunden helfen, »Antworten auf ihre individuellen Fragen zu finden«. Gemäß einem wissenschaftlich anmutenden Verlaufsschema wird vor Ort an Fähigkeiten wie »Optimismus« oder »Lösungsorientierung« gearbeitet, um Vertrauen und Selbstliebe zu nähren, die Grundlage für einen erfüllten Alltag, Erfolg und Harmonie.

Solche Glücksfahrpläne haben Konjunktur, denn sie verbinden schillernde Schlagwörter mit einer scheinbar fundierten Logik. Das lässt erahnen, wie schwierig es sein kann, seriöse Ansätze von Schaumschlägerei zu unterscheiden: Beide verwenden oft hochtrabende Begriffe – die einen jedoch zu wissenschaftlichen Zwecken, die anderen allein, um Eindruck schinden (siehe auch Kapitel 9).

Auf dem Psychomarkt ist letztlich erlaubt, was gefällt. Viele Anbieter glauben sogar tatsächlich an ihre Methoden und Lehren; andere setzen auf ein simples Marketingkalkül: Sie erklären unser Seelenwohl für gefährdet und ziehen Rettung verheißende Zauberformeln aus dem Hut. Die Folge ist ein vielstimmiger Chor der Ratschläge. Er macht uns jedoch keineswegs schlauer, sondern verstärkt nur das Gefühl der Desorientierung. Wie kommt das?

Paradoxes Denken

Forscher kennen eine Reihe unerwünschter Nebenwirkungen der Selbstbeschäftigung. Wie zahlreiche Laborexperimente und Feldstudien in den letzten Jahren ergaben, haben wir die Geister, die wir herbeirufen, wenn wir über uns und unser Tun reflektieren, oft selbst nicht im Griff. So berichtete 2011 ein Team um die Psychologin Iris Mauss: Je mehr Bedeutung Menschen der Frage beimessen, ob sie mit sich und ihrem Leben zufrieden sind, desto schwerer tun sie sich damit, es tatsächlich auch zu sein.[6] Dahinter steckt offenbar eine subtile Wirkung der gesteigerten Aufmerksamkeit: Wer meint, schlecht drauf zu sein, gefährde die Partnerschaft, die Karriere oder auch die eigene Gesundheit, der nimmt die kleinen und großen Übel des Alltags besonders intensiv wahr.[7]

Dies ist nur ein Beispiel von vielen für das »ironische Denken«[8], wie der 2013 verstorbene US-Psychologe Daniel Wegner von der Harvard University solche paradoxen Phänomene einst taufte. Wegner bat Versuchspersonen in einem Experiment einst um nichts weiter, als möglichst nicht an einen weißen Bären zu denken, während sie vor sich hin sinnieren sollten. Was glauben Sie, passierte? Klar, der Bär war aus den Köpfen kaum mehr zu vertreiben![9]

Erhöhte Selbstaufmerksamkeit erweist sich auch bei anderen Gelegenheiten häufig als Fluch. Offenbar ist die Idee, eine Sache müsse sich stets umso besser anfühlen oder besser klappen, je mehr man sich darauf konzentriert, ein Trugschluss. Vergegenwärtigen Sie sich nur einmal, was Sie genau tun, während Sie sich die Schuhe binden, ein leckeres Sahneeis genießen, das Lächeln einer/ eines schönen Unbekannten erwidern, sich auf den Sommerurlaub freuen, bei offenem Verdeck in den fünften

Gang hochschalten, von einem Film zu Tränen gerührt werden, versonnen aus dem Fenster schauen ... Solche Momente verlieren augenblicklich ihren Reiz, sobald wir sie »ganz bewusst« erleben wollen.

Während Forscher Beleg um Beleg dafür sammeln, wie leicht wir uns bei der Gedankengymnastik ein Bein stellen – predigt die Psychobranche unverdrossen das Bewusstmachen und Ausdiskutieren als Königswege zum Seelenwohl. Der Haken daran: Wir überschätzen systematisch die Macht unseres Denkens. Es dient oft genug nur dazu, unsere Entscheidungen nachträglich zu rechtfertigen und unser Selbstbild schönzufärben. Bevor wir genauer kennenlernen, was die Gründe dafür sind, lassen Sie uns noch einen Blick darauf werfen, mit welchen Maschen uns die Psychoindustrie umgarnt.

Vier Lockmittel

Die Psychologieabteilung in meinem Stammbuchladen war einst nur ein paar Handbreit groß. Eingezwängt zwischen dem prall gefüllten Esoterikregal – unter dem Nonsense-Etikett »Neues Leben« – und der Ecke für »Lyrik und Geschenkbuch« standen die Psychofibeln irgendwie verloren herum zwischen »Goethe für Eilige« und »Ihr persönliches Glückstarot«. Doch in den vergangenen Jahren trudelte eine Anleitung nach der anderen für ein besseres, effizienteres, zufriedeneres Leben ein – jede mit einem viel versprechenden Titel versehen. Die Strickmuster dieser Werke sind immer wieder ähnlich und lassen sich meist recht gut einem der folgenden vier Prototypen zuordnen.

Der Seelentröster

Ja, das Leben ist hart. Die enttäuschten Erwartungen unserer Eltern lasten auf uns, wir gehen bei der Bewerbungsrunde leer aus, blitzen beim Flirt ab, werden belogen, betrogen und belächelt. Bücher vom Typ Seelentröster machen dieses Los leichter erträglich, etwa indem sie uns das noch schlimmere Schicksal anderer Menschen vor Augen führen. Und schon denkt man: Ach, so schlecht bin ich doch gar nicht dran! Damit einem das eigene Gefühlschaos nicht mehr ganz so bedrohlich erscheint, geizt dieses Genre auch nicht mit Appellen wie »Die Krise als Chance sehen«. Löse dich aus der Umklammerung der Vergangenheit! Schöpfe neuen Mut! Hier geht die Masche der Muntermacher fließend in das zweite Genre über ...

Die Zauberformel

Was erwarten Sie vom Leben? Sicher nicht zu viel – denn das scheint kaum noch möglich zu sein. Auf der Hitliste unserer bescheidenen Wünsche stehen: dauerhaftes Wohlbefinden, die große Liebe, beruflicher Erfolg, ein prall gefülltes Bankkonto, eine Eins-a-Figur und natürlich jede Menge Ruhe und Gelassenheit. Wir wollen optimistisch nach vorn blicken, mit anderen gut auskommen und möglichst viel Spaß haben. In der Realität bewegen wir uns jedoch meist irgendwo zwischen »ganz okay« und »muss ja«. Wir haben einen Partner mit Ecken und Kanten, der Job könnte schon etwas spannender sein, und der Hosenbund hat auch mal weniger gekniffen. Wir fürchten uns vor dem Klimawandel, vor der nächsten Finanzkrise, liegen mit den Nachbarn im Dauerclinch – und können uns kaum vorstellen, wie das jemals anders werden könnte. Trotzdem (oder gerade darum) lassen wir uns gerne von jenen einlullen, die uns das Blaue vom Himmel versprechen. »Wie Sie in 60 Sekunden Ihr Leben verändern – mit Erfolgsgarantie!« Das klingt ja auch einfach zu schön.

Das Mitmachmanual

Selbsttests, Check- und To-do-Listen haben einen unwiderstehlichen Reiz. Wer mit ihrer Hilfe an sich selbst arbeitet, verlässt die Opferrolle und nimmt sein Schicksal in die Hand. Gemäß dem Credo, Selbsterkenntnis sei der erste Schritt zur Besserung, sind wir mit Stift und Fragebogen bewaffnet auf der Pirsch nach dem Ich und seinen Nöten. Das frisch vermessene Profil kann sodann geschärft werden – am besten mit einer handlichen Schritt-für-Schritt-Anleitung. So sorgen wir aktiv dafür, dass es uns bald besser geht. Die »Gefühlsinventur« hilft, den »Erfolgsfaktor Persönlichkeit« neu zu »programmieren«. Und wer es trotzdem nicht schafft, hat wohl etwas falsch gemacht.

Der Schlaumeierreport

Zu den beliebten Freizeitbeschäftigungen mancher Menschen gehört es, mit dem eigenen Wissen zu protzen. Bücher vom Typ Schlaumeierreport liefern ihnen die nötige Munition. Dabei muss heute niemand mehr mühsam Bücher wälzen. In Zeiten des permanenten Onlinezugangs wächst die Zahl der Klugscheißer rasant. Antworten auf alle erdenklichen Fragen liegen dank Google und Wikipedia nur ein paar Klicks entfernt. Da stört es kaum, dass oft Halbwahrheiten oder blanker Unsinn verbreitet werden – Hauptsache, man hat das gute Gefühl, tiefer zu blicken als all die anderen. Nebenbei hilft das Psychowissen nach Ansicht vieler, seine Mitmenschen zu manipulieren oder sich selbst genau davor zu schützen. Andere gekonnt um den Finger zu wickeln, ihre Körpersprache richtig zu lesen und mögliche Täuschungsmanöver zu durchschauen ist ein dringendes Bedürfnis der Hobbypsychologen. »Ich weiß, wie du fühlst.« »Ich weiß, was du denkst.« »Ich weiß, wer du bist!«

Halten wir fest: Die Psychoindustrie spendet Seelenbalsam, verteilt Glücksrezepte und gibt einem das Gefühl, man hätte sein Leben vollkommen unter Kontrolle und könnte tief in die Abgründe der Seele blicken. Diese Versprechen sind bei den Kunden wiederum unterschiedlich begehrt – und auch sie lassen sich grob nach vier Hauptinteressen ordnen.

Da wäre erstens *der Romantiker.* Hans träumt seit der Trennung von Isabel davon, wieder seine innere Mitte zu finden und emotional zu reifen. Er hat kein Handy (wegen der Strahlen), fährt lieber Rad als mit dem Auto und interessiert sich für Ökologie, Weltmusik und die Mythenlehre C. G. Jungs. Hans hat das dumpfe Gefühl, mit der Gesellschaft gehe es immer mehr den Bach runter. Will er sich mit seinen Sorgen aufgehoben fühlen, greift er mit Vorliebe zur Seelentröster-Literatur.

Der zweite Typ – *der Betroffene* – leidet an sich und seinen Mitmenschen. Birgit schläft schlecht, weil ihr nachts tausend Dinge durch den Kopf geistern. Sie muss noch ihre Hausaufgaben vom Selbsterfahrungskurs machen! Ihre Freundin Heidi ist bestimmt beleidigt, weil sie ihr letztens die Verabredung abgesagt hat. Und Katrin, ihre Tochter, hat sich auch schon seit Tagen nicht gemeldet. Was hat sie bloß? Hätte sie ihr nicht so direkt sagen sollen, dass sie sich diesen Martin aus dem Kopf schlagen soll? Aber ihr neuer Freund passt doch wirklich nicht zu ihr! Der Hausarzt schickte Birgit zu einem befreundeten Analytiker. Mit dem arbeitet sie jetzt einmal in der Woche ihre Familiengeschichte durch. Geholfen hat es bislang wenig, aber der Therapeut ist ein kluger Mann – und immer so besonnen.

Die Gespräche mit ihm sind für Birgit genau die richtige Ergänzung zur Ratgeberliteratur vom Typ Zauberformel, die auf ihrem Nachttisch liegt.

Drittens: der *Performer* – zum Beispiel Thomas, Angestellter bei einem großen Pharmaunternehmen. Thomas ist Ingenieur, hat einen MBA aufgesattelt und verdient gut. Er ist am stetigen Ausbau seiner Kompetenzen interessiert. Effizienter kommunizieren, schneller relaxen, besser entscheiden, das lässt sich die Firma schon einiges kosten. Kürzlich hat er ein Seminar von Motivationscoach Jörg Löhr besucht und als Message mitgenommen: »Nichts motiviert mehr als Erfolg.« Jetzt überlegt er, sich das 4-CD-Audioprogramm mit Arbeitsbuch »Lebe deine Stärken!« zuzulegen. Dem Reiz solcher Mitmachmanuale kann Thomas kaum widerstehen.

Und schließlich der *Besserwisser*. Hartmut, pensionierter Lehrer, liest seit seinem Burnout alles, was mit der Welt im Kopf zu tun hat. Wie Bewusstsein entsteht, Lernen, Gedächtnis, Liebe und Hass, darüber kann er aus dem Stegreif Vorträge halten. Einen Satz des Hirnforschers Gerald Hüther streut er dabei gerne ein: »Begeisterung ist Dünger fürs Hirn.« Das sollte mal jemand den Schülern von heute erklären! Beim nächsten Treffen seines Lesezirkels will Hartmut ein Thema vorschlagen, das schon lange in ihm gärt: Werden wir immer dümmer?

Verkenne dich selbst!

Sich über die eigenen Gefühle klar werden, stets das Positive sehen, der Kraft der Imagination vertrauen – solche Appelle sind in den Psychofibeln reichlich zu finden. Die Vorstellung, mit der richtigen Mentalgymnastik sei alles geritzt, ist attraktiv. Aber halten die Empfehlungen der

Ratgeberorakel, was sich so viele Menschen von ihnen versprechen?

Der Niederländer Ad Bergsma ging der Frage nach, ob Selbsthilfebücher ihren Lesern tatsächlich helfen.[10] Sein Fazit nach Sichtung der einschlägigen Forschungsliteratur: Schwer zu sagen! Fragt man Leser, ob ihnen die Lektüre weitergeholfen habe, äußern sie sich in der Regel zwar durchaus positiv. Doch einerseits ist das zu erwarten, die zeitraubende Lektüre soll schließlich nicht umsonst gewesen sein. Andererseits heißt es auf Nachfrage meist nur vage, das Buch habe einem »die Augen geöffnet« oder »zum Nachdenken angeregt«. Praktische Problemlösungen? – Fehlanzeige!

Fünf Standardtipps aus Psychoratgebern sind laut der US-Psychologin Annie Murphy Paul mit Vorsicht zu genießen, denn sie erweisen sich oft als kontraproduktiv: Dampf ablassen, in allem (auch in persönlichen Niederlagen) stets das Gute sehen, Ziele visualisieren, sich selbst Mut zusprechen und dem Partner aktiv zuhören.[11] Für jede dieser populären Strategien lassen sich wissenschaftlich gut begründete Gegenargumente finden.

Seinem Ärger Luft zu machen kann ihn häufig noch verstärken; wer vor den Ursachen seiner Fehlschläge die Augen verschließt, wiederholt bald das gleiche Malheur; hehren Visionen nachzujagen, statt sich die Hindernisse auf dem Weg dorthin zu vergegenwärtigen, lässt uns eher scheitern; Selbstüberschätzung kommt vor dem Fall; und aktives Zuhören allein kittet noch keine Beziehung – fehlt es am gegenseitigen Respekt und am guten Willen, verkommt es zur bloßen Pflichtübung.

Oft sind die Ratschläge bewusst so allgemein gehalten, dass sie als konkrete Hilfestellung ins Leere laufen. Das ist so ähnlich wie mit Horoskopen: Gemäß dem sogenannten Barnum-Effekt[12] pickt man sich aus den angebotenen

Weisheiten diejenigen heraus, die auf einen selbst vermeintlich am besten zutreffen. »Sie nehmen sich zwischenmenschliche Enttäuschungen, etwa wenn ein Freund Sie hintergeht, sehr zu Herzen, auch wenn Sie sonst nichts so leicht umhaut.« Jawohl, genau das bin ich!

Auf die Psychobranche übertragen klingt das beispielsweise so: einander positiv zugewandt sein, dem anderen mit Wohlwollen begegnen und ihn so sein lassen, wie er ist! Solche Floskeln produzieren nicht nur Flirt- und Erziehungsberater, sondern auch Coachs und Mediatoren am laufenden Band. Von derlei Vagheiten unbefriedigt, stellen ihre Kunden oft persönliche Fragen: Wie reagiere ich am geschicktesten, wenn mein Partner meint, ich solle mich doch gefälligst nicht so anstellen? Wie bringe ich den nöligen Kollegen endlich dazu, nicht mehr in einer Tour von seinen Wehwehchen zu erzählen? Wann und wie sollte ich meinem Kind Grenzen aufzeigen?

Die Beratungswünsche nehmen zum Teil skurrile Formen an, wie die Psychologinnen Eva Jaeggi und Heidi Möller stellvertretend für ihre Zunft beklagen. Sie sehen sich mit den absurdesten Fragen bedrängt: »Was das für Menschen sind, die gerne die Pickel ihres Partners ausdrücken; wie hoch die Anzahl der Frauen ist, die Kinderpornos schauen; warum Männer ihre Frauen dazu bringen, beim Geschlechtsverkehr Gummianzüge zu tragen; wie sich die Fußballweltmeisterschaft auf bundesdeutsche Ehen auswirkt; warum so viele Menschen Freitag den Dreizehnten fürchten (...) Die Menschen scheinen Lebens- und Erziehungshilfen und Erklärungen auch ihrer banalsten Verhaltensweisen bedürftig zu sein.«[13]

Von den Psychologen wird Übermenschliches verlangt: Einerseits sollen sie Antworten auf alle möglichen und unmöglichen Fragen parat haben, andererseits aber den Boden der sicheren Erkenntnis tunlichst nicht verlassen.

Beides ist kaum unter einen Hut zu bekommen. Daher greifen manche Seelenkundler zu einem uralten Trick, den bereits Sigmund Freud perfektionierte: Sie verlegen den Ort ihrer Betrachtungen ins Unbewusste. Oder wie Jaeggi und Möller feststellen: »Unter dem Deckmantel der Psychologie lässt sich schier alles behaupten.«[14]

Kein Wunder, dass das öffentliche Image der Seelenkunde tief gespalten ist. Die einen glauben, Psychologen könnten ihre Mitmenschen wie mit einer Art Röntgenblick durchschauen, weshalb in ihrer Gegenwart oft Kommentare fallen wie: »Ach, Sie sind Psychologe? Dann muss ich ja aufpassen, was ich sage!« – gefolgt von verlegenem Kichern. Die anderen dagegen halten den klassischen Psycho für einen Alles-Erklärer, der simple Wahrheiten kompliziert ausdrückt. Dieser Mix aus Ehrfurcht und Unverständnis trägt mit dazu bei, dass die Empfehlungen von Seelenkundlern heute so begehrt sind wie nie zuvor.

DAS FREMDE ICH
Warum wir uns selbst hinterherhinken

»Ich horche in mich rein,
in mir muss doch was sein,
ich hör nur Gacks und Gicks,
in mir da ist wohl nix.«
Robert Gernhardt

An meinem Joghurtbecher klebt ein Button, auf dem steht
»Garantiert ohne Gentechnik«. Das Etikett des Apfelsafts
verspricht ein »nachhaltiges Erzeugnis aus der Region«.
Den Eierkarton zieren Fotos von glücklichen Hühnern in
Freilandhaltung, und die Milchtüte ist »vollständig recyc-
lebar«. Beste Voraussetzungen für einen Feel-good-Start
in den Tag.

Während ich mein Frühstücksmüsli löffle (»aus bestem
Getreide ohne künstliche Zusätze«), dudelt das Radio. Der
Moderator versprüht gute Laune, wie es sein Job ist, dann
präsentiert der Nachrichtensprecher die neuesten Dra-
men aus aller Welt. Eurokrise, Klimawandel, die Rente mit
67. Wutbürger demonstrieren gegen die Gier der Finanz-
märkte.

Ich schalte das Radio aus und mache mich auf den
Weg ins Büro. Unterwegs bleibe ich mit dem Rad an der
Ampel stehen. Am Mast klebt ein Zettel: »Ein Kurs im
Wundern« – darunter eine Handynummer, mehr nicht.
Mir fällt die Truppe ein, die ich neulich auf meiner Jogging-

runde im Wald traf. Menschen in bunten Fleece-Shirts, die auf einer Lichtung im Kreis standen und sich an den Händen hielten. Sieht es vielleicht so aus, wenn man sich gemeinsam im Wundern übt? Ich dagegen schaffe es nicht einmal ins Yogastudio, wie ich mir seit Wochen vornehme.

Der Tag hat kaum begonnen, schon bin ich durch ein Wechselbad der Gefühle gegangen: Frohsinn, Empörung und ein latent schlechtes Gewissen. Und das ist erst der Anfang. Wir machen täglich zig verschiedene emotionale Zustände durch, manche davon so flüchtig, dass wir sie kaum bemerken, andere hartnäckig wie drei Tage Regenwetter. Gefühle hauen uns um, reißen uns mit und machen uns sprachlos. Sie nisten sich ein in unsere Hirnwindungen und Darmzotten, und kaum haben wir uns an eines gewöhnt, wird es vom nächsten vertrieben.

Gefühle erscheinen uns unkontrollierbar wie Naturgewalten, doch in Wahrheit sind wir Meister darin, sie im Zaum zu halten. Anders wäre ein zivilisiertes Zusammenleben auch gar nicht möglich. Von Kindesbeinen an lernen wir, unsere emotionalen Reaktionen zu zügeln und in sozial verträgliche Bahnen zu lenken. Bis zum Erwachsenenalter erreichen wir darin nahezu perfekte Routine. Was entscheidet darüber, welche Stimmung in einer Situation die Oberhand gewinnt? Und warum geschieht das von uns selbst meist unbemerkt?

Im Labyrinth von Denken und Fühlen

Dass mich der Aushang an der Ampel an meinen wieder mal verpassten Yogakurs erinnerte, war das Resultat spontaner Assoziationen. Ich hätte mich genauso gut darüber amüsieren können – oder ärgern, weil die halbe Stadt inzwischen mit solchen Botschaften tapeziert ist. Gedanken leiten auf subtile Weise unsere Gefühle und Empfindungen, wie auch zahlreiche Studien belegen. Darunter eines der witzigsten Experimente der Psychologiegeschichte, das vor fast vierzig Jahren in einem Naturpark im kanadischen Distrikt British Columbia stattfand.[1]

Eine attraktive junge Frau hatte den Auftrag, Wanderer auf einem Trail im »Capilano Canyon« nahe Vancouver zu interviewen. Der Ort des Zusammentreffens war sorgsam gewählt. Die Komplizin der Versuchsleiter wartete bei einer wackeligen Hängebrücke, die in 80 Metern Höhe einen reißenden Fluss überspannte. Sobald ein Mann (weibliche Trekker blieben unbehelligt) die Brücke betrat, kam ihm die Dame mit einem Klemmbrett bewaffnet entgegen und bat darum, an einer Untersuchung zum »Einfluss des Naturerlebens auf die Kreativität« teilzunehmen. Der Wanderer sollte sich nur eine kurze Geschichte zu einem Bild ausdenken, das eine Frau in exaltierter Pose zeigte: Sie verdeckte mit der einen Hand halb ihr Gesicht, während sie mit der anderen in die Ferne wies.

Nach der Kreativübung bot die Interviewerin, die sich als Psychologiestudentin ausgab, jedem Mann ihre Telefonnummer an für den Fall, dass er sich »für die näheren Details der Studie« interessierte. Diese Gelegenheit zum Date ließen sich viele Männer nicht entgehen – jeder zweite wählte in den folgenden Tagen die angegebene Nummer. Einem männlichen Studenten, der zur Kontrolle die gleiche Befragung durchführte, telefonierte dagegen erwartungsgemäß fast niemand hinterher. Wanderer, die die hübsche Interviewerin unten in der Schlucht abfing, wo ein bequem zu passierender Steg wenige Meter über dem Wasser verlief, zeigten jedoch ebenso wenig Interesse: Hier verlockte die Telefonnummer nur jeden achten Mann zum Nachhaken; viele steckten den angebotenen Zettel erst gar nicht ein.

Den vermutlichen Grund offenbarten die Protokolle der durch das Bild angeregten Männerphantasien: In schwindelnder Höhe rankten sich die Geschichten öfter ums Betrogenwerden, Küssen oder andere sexuelle Anspielungen. Auf dem unspektakulär niedrigen Steg war das dagegen kaum der Fall. Offenbar hatten die Männer ihren Adrenalinschub während der Hängepartie auf ganz bestimmte Weise gedeutet: »Wow, die flirtet mit mir!«

Nun sagt so ein Resultat, gewonnen an ein paar Dutzend Wanderern, für sich allein wenig aus. Doch eine Fülle weiterer Arbeiten zeigten ebenfalls: Wie wir die Signale unseres Körpers gedanklich bewerten, prägt das momentane Befinden. Und je nach mentaler Voreinstellung, die sich mit allerlei Labortricks manipulieren lässt, fällt das teils ganz verschieden aus. Hier einige Beispiele: Wer mit dem Altwerden verbundene Begriffe liest (wie »grau« oder »vergesslich«), schlurft anschließend bedächtiger von dannen.[2] Wer sich toll findet, weil ihm ein fingierter Charaktertest Top-Qualitäten bescheinigt hat, überschätzt seine Körpergröße.[3] Wer an einen bekannten Athleten wie Boris Becker denkt, schätzt sich selbst auf einmal unsportlicher ein.[4] Und wer vor einem Spiegel sitzend an einer kniffligen Aufgabe scheitert, wertet das eher als persönliches Versagen.[5]

In »Priming-Experimenten« wie diesen (von Englisch to prime = anbahnen, vorbereiten) werden die Teilnehmer durch vermeintlich nebensächliche oder unbemerkte Reize auf bestimmte Sichtweisen getrimmt. So wird deutlich, dass Denken und Fühlen viel mehr miteinander zu tun haben, als wir gemeinhin glauben. Dass ihr Tête-à-Tête dem Bewusstsein verborgen bleibt, ist ein wichtiger Grund dafür, dass wir uns selbst immer einen Schritt hinterherhinken.

Nützliche Verzerrung

Die Menschen in der modernen Wohlstandsgesellschaft haben der Selbstbeobachtung wohl noch nie so viel Zeit gewidmet wie heute. Sie müssen laufend nach Gründen für ihr Handeln suchen, ihre Gefühle mitteilen, Urteile und Absichten plausibel machen. Der Vergleich mit anderen sowie die Frage, ob und wie sehr man sich deren Ziele, Werte und Ansprüche zu eigen machen soll, nimmt breiten Raum in ihrem Denken ein. Wie mit einer Art Kontrollscheinwerfer leuchten sie ihr Inneres aus. Doch der Selbstaufmerksamkeit sind dabei enge Grenzen gesetzt, und sie ist auf systematische Weise verzerrt.[6]

Das kann ein kleines Gedankenspiel veranschaulichen: Versuchen Sie doch einmal, sich an einen der peinlichsten Momente Ihres Lebens zu erinnern! Da fällt Ihnen spontan keiner ein? Gut, meinetwegen, dann nehmen wir den Fall, den mir ein guter Freund einmal erzählte. Vor einigen Jahren war er zu einem Vorstellungsgespräch eingeladen worden. Der fragliche Job erschien allerdings auf den zweiten Blick doch nicht ganz so verlockend, und der potenzielle Chef war ihm am Telefon schon unsympathisch gewesen – worüber er sich noch am Abend vor dem Gespräch in einer E-Mail an mich ausließ. Gut, dachte mein Freund, hingehen schadet ja nichts. An nächsten Morgen betrat er also das Büro des besagten Unsympathen, und während er sich setzte, fiel sein Blick – auf einen Ausdruck seiner E-Mail vom Vorabend! Da fiel es ihm wie Schuppen von den Augen: Er hatte sie versehentlich an die Firma statt an mich gesendet. Ich erspare Ihnen die Details der quälenden Unterhaltung, die folgte.

Aber jetzt sind Sie an der Reihe! Haben Sie inzwischen Ihren persönlichen Super-GAU parat? Dann versetzen Sie sich bitte exakt in Ihre missliche Lage von damals zurück. Wie war das noch gewesen? Ja, Sie waren peinlich berührt – aber wie genau? Beschreiben Sie mal! Wissen Sie noch, wie sich das damals anfühlte? Gar nicht so einfach, oder? Genau genommen haben Sie wohl gar keine genaue Erinnerung mehr an den Vorfall. Mein Freund zum Beispiel ist heute eher amüsiert über seinen E-Mail-Patzer. Wirklich nachempfinden, wie es ihm damals ging, kann er heute kaum mehr.

So geht es uns permanent: Wir haken Erlebnisse entweder als geschehen ab und gehen wieder zur Tagesordnung über, oder sie erscheinen uns rückblickend geradezu monströs und machen uns Angst. Sobald wir über unsere Gefühle nachdenken, verändern sie sich: Jedes Mal, wenn wir uns erinnern, fügt das Gedächtnis dem Geschehenen neue Deutungen hinzu. Das passiert ganz unwillkürlich – ohne unser bewusstes Zutun.[7]

Das subtile Wechselspiel zwischen Fühlen und Denken hat zur Folge, dass wir nie ganz bei uns sind. Aus dem gleichen Grund scheitern wir auch oft daran, unsere zukünftigen Gefühle vorherzusagen.[8] Denken Sie nur an das Beispiel aus dem letzten Kapitel: Wer persönliches Glück besonders wichtig findet, ist unterm Strich unglücklicher als jene, die es nehmen, wie es kommt. Erhöhte Selbstaufmerksamkeit ist bei manchen Gelegenheiten also offenbar hinderlich. In anderen Situationen dagegen ist sie durchaus hilfreich (sonst hätte uns Mutter Natur wohl auch kaum damit ausgestattet). Wenn Sie zum Beispiel eine neue Bewegung lernen – sagen wir, Sie schwingen zum ersten Mal einen Golfschläger –, dann tun Sie gut daran, den Abschlag so kontrolliert wie möglich auszuführen und sich voll auf Ihre Körperhaltung zu konzentrieren. Auch bei Entspannungstechniken wie dem autogenen Training spielt der innere Blick eine wichtige Rolle. Als

Mittel zur kurzfristigen Verhaltensanpassung ist erhöhte Selbstaufmerksamkeit oftmals nützlich; als Dauereinrichtung allerdings ist sie Gift. Denn dann machen sich zwei Eigenschaften des »Ich-bewussten Denkens« rasch unangenehm bemerkbar: Es strengt an und führt leicht aufs Glatteis.

Weniger ist mehr

Für die Tatsache, dass sich Menschen nicht endlos auf sich selbst und ihr Handeln konzentrieren können, prägte der US-Psychologe Roy Baumeister den Ausdruck »Ego-Erschöpfung«.[9] Der Forscher stellte fest, dass Menschen, die über längere Zeit einer Versuchung widerstanden, irgendwann »schlappmachen« und bei der nächsten Gelegenheit umso leichter verführbar sind. Ob Sie abnehmen, das Rauchen aufgeben oder weniger Geld ausgeben wollen, Sie können Ihr spontanes Verlangen nach Kuchen, Kippe oder Klunker zwar vorübergehend zügeln, früher oder später jedoch schwächelt selbst die stärkste Selbstdisziplin. Kreuzt dann im falschen Augenblick eine neue Verlockung auf, können Sie ihr prompt umso schlechter widerstehen. Baumeisters Erklärung: Der mentale Selbstkontrollmuskel braucht eine Erholungspause. Das können zum Beispiel Gewohnheiten und Routinen sein, die weniger bewusste Aufmerksamkeit erfordern – das hilft, die Selbstkontrolle zu entlasten, bevor sie erlahmt.

Der zweite Pferdefuß, die Glatteisgefahr, offenbarte sich in Versuchen von Intuitionsforschern, die feststellten, dass uns bei vielen alltäglichen Urteilen genaue Selbstbefragung nicht unbedingt weiterhilft. Denn wer zu viel grübelt, spinnt unversehens Geschichten, die an der Sache vorbeiführen. Einen mittlerweile klassischen Beleg dafür lieferten vor gut 20 Jahren die Psychologen Timothy Wilson und Jonathan Schooler.[10] Sie wählten aus einer Liste der 45 besten Erdbeermarmeladen in der Zeitschrift *Consumer Reports* (eine Art amerikanische Stiftung Warentest) die Plätze 1, 11, 24, 32 und 44 aus. Die fünf Produkte unterschieden sich in vielerlei Hinsicht, etwa bei Fruchtgehalt, Farbe, Konsistenz und Süße. Versuchspersonen probierten die Konfitüren der Reihe nach durch, um sie anschließend nach Qualität zu ordnen. Zuvor sollten die einen schriftlich festhalten, woran genau sie ihr Urteil festmachten; die anderen hingegen notierten lediglich, warum sie ihr jeweiliges Studienfach gewählt hatten.

Obwohl sich die Marmeladensorten klar unterschieden, war die Truppe der Bewusst-Schmecker kaum in der Lage, die guten von den schlechten zu trennen. Offenbar machten sie sich eine Menge unnütze Gedanken darüber, was denn nun einen qualitativ hochwertigen Fruchtaufstrich ausmacht. Die Urteile der Spontankoster stimmten dagegen viel besser mit dem Expertenranking überein.

Wilson und Schooler tauften diesen Effekt »verbal overshadowing«, was zu Deutsch so viel heißt wie »verbales Überlagern« – ein etwas sperriger Ausdruck für »den Wald vor lauter Bäumen nicht mehr sehen«. Auch an anderen Beispielen ließ sich in Experimenten zeigen, dass der Zwang, Entscheidungen zu begründen und sich so allerlei kluge Gedanken darüber zu machen, das Resultat häufig verschlechterte.[11] Der Niederländer Ap Dijksterhuis von der Universität in Amsterdam beobachtete ein ähnliches Phänomen bei Kunden des Möbelkaufhauses IKEA. Sein Team befragte am Ausgang einer der blau-gelben Märkte Menschen zu ihrem Einkauf. Einige Wochen später nahmen die Forscher erneut Kontakt zu den Teilnehmern auf und erkundigten sich nach deren Zufriedenheit mit den Möbeln. Wer seine Entscheidung besonders lange abgewogen

hatte, war damit im Schnitt weniger zufrieden als Spontan-
käufer! Je komplizierter der Kauf, desto größer die Reue.

Angenommen, Sie wollen sich ein neues Auto zulegen.
Was gibt es da nicht alles zu bedenken! Preis, Ausstattung,
Motorleistung, Pannenstatistik, Raumangebot, das Image
der Marke, die Optik, die Parkplatzsituation vor Ihrer
Haustür ... Die Liste ließe sich noch lange fortsetzen. Bit-
tet man Menschen bei einer so komplexen Frage, genau zu
überlegen, worauf es ihnen ankommt, führt das regelmäßig zu mehr Frust als bei schnellen Entscheidungen.
Dijksterhuis' überraschende Erkenntnis: Langes Grübeln
kann kontraproduktiv sein – besonders dann, wenn die
Lage vertrackt ist! Je überschaubarer hingegen das Problem, desto eher beweist die Ratio Weitblick.[12]

Und das hat auch fühlbare Konsequenzen. 2009 führte
eine Gruppe von Psychologen ein Experiment durch, bei
dem die Probanden wählen sollten, ob und für welche
Wohltätigkeitsorganisation sie von einer angebotenen
Geldsumme spenden wollten. Mal standen nur 5, mal 40
und mal stolze 80 Organisationen zur Wahl. Paradoxer-
weise fiel die Zahl der Spenden und die Zufriedenheit mit
der getroffenen Wahl bei vielen Optionen im Schnitt geringer aus – die Teilnehmer konnten sich dann offenbar
schlechter entscheiden, wen sie unterstützen sollten, und
bereuten zudem schneller. Die Forscher bezeichnen das
als »Too-much-choice-Effekt« (deutsch: zu viel Auswahl).
Die merkwürdige Tendenz verstärkte sich noch, wenn die
Teilnehmer ihre Wahl der betreffenden Organisationen
schriftlich begründen mussten. Das Nachdenken und
Gründesuchen erwies sich als Gift für die Spendierlaune.[13]

Die aktuell wachsende Seelennot ist möglicherweise
auch der Preis dafür, dass wir in einem Schlaraffenland
leben.[14] »Das Übermaß an Angeboten trägt offensichtlich
zu dem Unbehagen bei, das sich in den modernen Gesell-

schaften epidemisch ausbreitet«, erklärt der Psychologe Barry Schwartz vom Swarthmore College (USA).[15] Bei der Vielzahl an Wahlmöglichkeiten, die sich uns täglich bieten, laufen wir ständig Gefahr, das Beste zu verpassen; die meisten Gelegenheiten ziehen ungenutzt an uns vorüber. Wir können eben nur *ein* Auto kaufen, *ein* Gericht im Restaurant essen und nur *einen* Handytarif wählen. Das erzeugt »Opportunitätskosten«: Während das Gewählte schnell zur Gewohnheit wird und wir seine Vorzüge schon bald nicht mehr zu schätzen wissen, lasten die verpassten Chancen auf unserem Gemüt.

Schwartz unterscheidet zwischen solchen Zeitgenossen, die alles ausgiebig durchdenken und sich kaum jemals zufriedengeben (die »Maximierer«), und anderen, die die Suche einstellen, sobald sie ein akzeptables Ergebnis erzielt haben (die »Genügsamen«). Zwar treffen Maximierer objektiv betrachtet häufig die bessere Wahl, trotzdem sind sie im Schnitt unglücklicher als die Genügsamen und zeigen eher Anzeichen von Depressionen. Offenbar stellen Maximierer so hohe Ansprüche, dass ihnen schon eine milde Enttäuschung als persönliches Versagen erscheint. Sie hätten ja schließlich noch besser abwägen können! Laut Schwartz sind gerade jene Menschen, die schwer zufriedenzustellen sind, in der heutigen Zeit bedroht. Die Multioptionsgesellschaft treibt sie in die Krise.

Schöner lügen

Was lernen wir aus all dem? Erstens: Bescheidenheit ist mehr als eine Zier – nämlich ein wirksames Gegengift im Angebotsdschungel. Wenn eine gefundene Lösung den Zweck erfüllt, warum weitersuchen? Lassen Sie sich nicht einreden, alles müsse immer noch ein bisschen besser sein! Zweitens: Mit der Idee, man brauche nur lange genug in sich zu gehen, um sich über das Wollen und Sollen klar zu werden, stimmt etwas nicht. Die bewusste Aufmerksamkeit ist gar nicht so mächtig, wie es uns erscheint, sondern unterliegt engen Grenzen. So entgehen uns häufig sogar die offensichtlichsten Dinge.[16] Und drittens: Wir meinen zwar, per Innenschau unserem »wahren Ich« näherzukommen, sind aber tatsächlich in vieler Hinsicht Ich-blind.[17] Die Suche nach unserem eigentlichen, authentischen Wesenskern gleicht der Jagd nach einem Phantom, denn die subjektive Wahrnehmung verzerrt, blendet aus und färbt schön.

Und das ist auch gut so! Forscher wie der US-Soziobiologe Robert Trivers sehen in der Neigung zur Selbsttäuschung eine der wichtigsten Errungenschaft der menschlichen Evolution.[18] In der Geschichte von Homo sapiens war es extrem wichtig, andere gekonnt hinters Licht zu führen – die zu jagende Beute, den Hordenchef, den umworbenen Liebespartner. Und das klappt nun mal am besten, wenn man zu einem gewissen Grad an die eigenen Fiktionen glaubt. Die Folge: Menschen können, so der Psychologe Rolf Degen, »gar nicht wirklich in sich ›hineinschauen‹, wenn sie nach den Gründen ihres Handelns suchen. De facto betrachten sie sich selbst von außen wie einen Fremden und zimmern sich notdürftige und plausible Theorie über die unbekannte Person zusammen.«[19]

Unter solchen Umständen bringt uns das Prinzip »Mehr Bewusstsein hilft mehr« letztlich in Teufels Küche. Solange das Ego nicht die Bodenhaftung verliert, hat ein leicht rosastichiges Selbstbild durchaus etwas für sich: Es hilft, sich auch dann gut zu fühlen, wenn man hin und wieder eine Niederlage einstecken muss und nicht alles nach Plan läuft.[20] Selbst dem größten Kontrollfreak macht manchmal aus heiterem Himmel ein Vogel auf den

Kopf – das ist kein Grund, selbigen gleich hängen zu lassen.

Nehmen wir uns eine ganz simple, schon tausendfach bestandene Prüfung zum Vorbild: das Hinsetzen. Auch dabei kommt es darauf an, sich vom Ziel abzuwenden und im passenden Moment lockerzulassen!

IMMER AUF NUMMER SICHER
Wie wir verlernt haben, mit Problemen zu leben

»Der Mensch ist unglücklich,
weil er nicht weiß,
dass er glücklich ist.
Nur deshalb.«
Fjodor Dostojewski

Stellen Sie sich vor, Sie wären vor knapp einem Jahr umgezogen, in die Nähe eines schönen Parks. Kurze Zeit später wies man Ihnen in der Firma einen neuen, verantwortungsvollen Aufgabenbereich zu. Zum Abschalten am Feierabend begannen Sie, im Park öfter eine Runde zu laufen. Ihr neues Hobby hatte es Ihnen bald so sehr angetan, dass Sie sich einen Trainingsplan zurechtlegten und ein paar Monate später stolz die Ziellinie bei Ihrem ersten Volkslauf überquerten. Allerdings gab es zwischen Ihnen und Ihrer Frau nun manchmal Knatsch wegen der müffelnden Sportsachen in der Wohnung. Dann wetterten auch noch Ihre Schwiegereltern gegen Ihre angebliche Laufsucht. Selbst der Hinweis, dass Sie nicht enden wollten wie Ihr Onkel Karl, der mit 58 an einem Herzinfarkt starb, stieß auf taube Ohren. Inzwischen sind die Wogen wieder geglättet – denn Sie haben mit Ihrer Liebsten einen Deal: Das verschwitzte Zeug wandert gleich nach dem Laufen in die Waschmaschine. Selbst die Schwiegereltern haben sich mit Ihrem neuen Hobby angefreundet – und stehen bei Volksläufen anfeuernd am Straßenrand.

Klingt, als hätten Sie ein unspektakuläres Jahr hinter sich? Irrtum! Laut einem von Stressexperten in der Bild-Zeitung präsentierten Burnout-Test sind Sie hochgradig gefährdet.[1] »Wenn Sie so weitermachen, droht innerhalb von zwei Jahren der Zusammenbruch. Senken Sie sofort Ihre Belastung!«, so das Urteil ab einer Summe von 300 Punkten, die das geschilderte Szenario locker eingebracht hätte. Denn: »Nicht nur negative Erlebnisse (Trennung, Jobverlust, Geldsorgen) lösen Stress aus, sondern auch positive (Gehaltserhöhung, Heirat, Urlaub).«

Willkommen in der Komfortzone, der Zuflucht für die bedrohte Psyche. Ein stressiger Job, private Turbulenzen, Konflikte in der Familie – das kann in der Tat belasten. Doch nicht nur solche negativen Umstände stehen heute im Verdacht, aufs Gemüt zu schlagen; selbst neue Hobbys, berufliche Umorientierung oder ein lang ersehnter Urlaub gefährden das Gleichgewicht. Schließlich betritt man dabei unbekanntes Terrain, auf dem Enttäuschungen und Frustrationen lauern! Weil derlei Belastungsproben jedoch nie ganz auszuschließen sind, steht eines fest: Die nächste Krise kommt bestimmt.

Diese Angst hat offenbar viele Menschen ergriffen. Sie ist auch ein Ergebnis des Psychotalks der Medien, in denen gefühlte Notlagen zum Dauerbrenner geworden sind. Die Lust am Frust nimmt mitunter absurde Züge an: »Deutschland wird von einem verdeckt operierenden Gefühlsterror lahmgelegt und von einer verdächtig schnell wachsenden Allianz des Missmuts und der Unzufriedenheit überschwemmt. Und das Schlimmste daran: Jeder spürt es – aber keiner tut etwas.«[2] Düsterer als die Autoren Helmut Fuchs und Andreas Huber kann man die gefühlte Gegenwart kaum beschreiben. »Haupterscheinungsformen unseres Lebens«, so Therapeut Fuchs und Psychologe Huber, seien »Ängste und Beklemmungen, Gefühle der Hoffnungs-, Ausweglosigkeit und Überforderung, Zeitstress, Erschöpfung, zwanghaftes Ausleben in Konsum, Sex, Shopping und exzessivem Sport, Konkurrenzdenken, Neid, Konzentrations- und Aufmerksamkeitsprobleme und eine zynische Einstellung anderen gegenüber«.[3]

Solches Lamento suggeriert, man könne den Alltag nur noch dann meistern, wenn man professionell entspannt, seelisch entschlackt oder downsized. Jeder ist aufgerufen, seinen inneren Schutzschild zu stärken. Nun sind die Bild-Zeitung und die Weltschmerzergüsse von Psychologen sicher nicht die besten Quellen für eine verlässliche Zeitgeistdiagnose. Doch die Beispiele zeigen, wie tief das Klischee vom gefährdeten Ich unser Denken inzwischen prägt. Und je bedrohter wir uns fühlen, desto mehr spinnen wir uns in einen Kokon aus vermeintlichen Sicherheiten ein. Nur keine Experimente! In jeder Lage Expertenrat einholen! Etwas anderes kommt nicht infrage.

Der Fluch der guten Absichten

Der US-Psychiater Dale Archer beschreibt eine typische Begegnung in seiner Praxis.[4] Ein Mann, dessen Mutter kürzlich gestorben ist, kommt zum Erstgespräch, und Archer stellt ihm die üblichen Fragen.

»Schlafen Sie gut?«

»Ja, ganz okay.«

»Fühlen Sie sich lustlos?«

»Nein, nicht wirklich.«

»Gehen Sie zur Arbeit?«

»Jeden Tag. Mit meinem Chef und den Kollegen verstehe ich mich prima.«

»Und Ihr Appetit?«

»Ich esse eigentlich so wie immer.« Der Mann seufzte. »Ich bin einfach nur sehr, sehr traurig.«

»Das ist auch ganz normal, schließlich ist Ihre Mutter vor kaum einer Woche gestorben. Nach so einem Verlust haben Sie allen Grund, traurig zu sein, ja sogar niedergeschlagen. Sie zeigen jedoch keine klinisch auffälligen Probleme. Mit Ihnen scheint so weit alles in Ordnung, Sie brauchen keine Therapie. Ich finde, Sie kommen erstaunlich gut mit der Situation zurecht. Trauer ist ein normaler Teil des Lebens. Einen geliebten Menschen zu verlieren tut weh.«

»Ja, aber ich dachte, vielleicht gibt es ein Mittel, das mir hilft. Ein Anti-Depressivum oder so etwas.«

In den letzten Jahren, so der Psychiater, strömten immer mehr eigentlich Gesunde in seine Praxis. Diese Menschen trieb das Bedürfnis, mit einem Experten zu reden, der ihnen erklärte, was sie in ihrem Leben besser machen sollten, und der ihnen womöglich das eine oder andere »unterstützende Mittel« verschrieb. Archers Erklärung: »Wir haben psychische Probleme nicht bloß destigmatisiert, (...) wir glorifizieren sie regelrecht. Heute braucht anscheinend jeder einen Fachmann für Seelenfragen. Jeder muss durchgecheckt werden. Jeder ist therapiebedürftig.«[5]

Ganz so weit sind wir sicher noch nicht – zumindest hierzulande. Die USA, Heimat der Psychoindustrie, haben uns in dieser Hinsicht einiges voraus. »Die Amerikaner treibt eine intensive Sorge um ihr seelisches Wohlbefinden«, erklärt die Publizistin Eva Moskowitz. »In keinem anderen Land der Welt ist der Glaube an das emotionale Selbstmanagement und an Selbsthilfetechniken so tief verwurzelt.«[6] Die US-Seelenbranche macht mit Pillen, Coaching und TV-Therapieshows Milliardenumsätze.[7]

Damit einher geht auch der Trend, verbreitete Verhaltensweisen und Gefühlszustände zu problematisieren. Sind notorische Singles bindungsunfähig? Leiden Paare, die nicht mehr miteinander schlafen, an einer Sexualstörung? Werden Kleinkinder, deren Eltern arbeiten gehen, von Verlustängsten geplagt? Sind Karrieremenschen narzisstisch? Ist Trauer ein Fall für den Therapeuten? Die Liste der behandlungswürdigen Übel wächst, und kein Knacks scheint klein genug, um ihn mit sich selbst auszumachen oder abzuwarten, bis die Zeit die Wunde heilt.

Der Wunsch nach einem sorgenfreien Leben ist natürlich völlig legitim. Warum sollten wir uns mit den unschönen Seiten des Alltags abfinden? Statt stoisch unser Los zu ertragen, tun wir gut daran, es zu ändern. Die Frage ist nur, ob wir dabei auf die richtige Strategie setzen. Mit dem Anspruch, jede Unpässlichkeit müsse behoben werden, überfordern wir uns womöglich nicht nur selbst, wir schieben uns zudem den Schwarzen Peter zu: Wer trotz all der Glücksratgeber immer noch nicht happy ist, macht offensichtlich etwas verkehrt.

Unser auf Leistung und Effizienz getrimmter Alltag lässt keinen Raum für zwischenzeitliche Querelen oder Trübsinnattacken. Unvorstellbar, man könne über manches mittelschwere Unglück mit Geduld und Selbstironie hinwegblicken oder sich davon ablenken. Die Gedankenmaschine auf Leerlauf schalten – wo kämen wir da hin? Stattdessen bringt sie so mancher per Beratung und Therapie erst richtig auf Hochtouren.

Der Wiener Psychologe Richard Fellner bietet auf seiner Homepage einen Selbsttest für Menschen an, die unsicher sind, ob sie therapeutische Hilfe in Anspruch nehmen sollen.[8] Zu den möglichen Motiven zählt er unter anderem: selbstsicherer werden, sich zwischen zwei potenziellen Partnern entscheiden, besser mit den Eltern auskommen,

Klarheit über das Leben gewinnen. Ganz normale menschliche Fragen also. So wird die Heilbehandlung zum Kummerkasten. Für manche Kunden mag das hilfreich sein, viele aber drehen sich dabei nur immer schneller im Kreis, angetrieben von den Erklärungen und Ratschlägen der Psychoexperten. Der Weg zur Hölle ist mit guten Absichten gepflastert – und die Abzweige sind miserabel ausgeschildert.

Bewusster alles!

Laut dem Philosophen Peter Sloterdijk hat uns ein »Kult des Übens« fest im Griff.[9] Die Selbstverbesserung, jahrhundertelang das Privileg einer kleinen Elite, habe sich inzwischen zum allgemein verbindlichen Denk- und Lebensmodell entwickelt, quer durch alle Gesellschaftsschichten. Die »Optimierungspraxis« sei an die Stelle der alten, religiösen Glaubenslehren getreten, so Sloterdijk.

Ein neuer Konsumententypus steht dafür exemplarisch: die Lohas. Dieses Akronym steht für *Life of Health and Sustainability*, zu Deutsch etwa »Leben für Gesundheit und Nachhaltigkeit«. Lohas sind Perfektionisten aus Überzeugung. Sie wollen alles richtig machen: eine positive Lebenseinstellung pflegen, sich engagieren, über den Tellerrand der eigenen Existenz hinausblicken und das große Ganze bedenken. »Im Zentrum dieser Bewegung steht die ständige Selbstbeobachtung«, schreibt der Soziologe Konstantin Ingenkamp.[10] »Hat man möglichst umweltverantwortlich eingekauft, hat man sich gesund ernährt, gekleidet etc. oder gibt es doch Anzeichen, die auf ein Abweichen vom Lebensstil des guten Gewissens hindeuten? (...) Es ist ein Lebensstil, der durch Konsum sich selbst und die Welt verbessern möchte.«

Gesünder geht immer – so könnte man das Lebensmotto der Lohas zusammenfassen. Dabei geht es ihnen um mehr als nur um ein gutes Gewissen. Das Ziel ist vielmehr ein Zustand umfassenden, dauerhaften Glücks.

Neben dem positiven Denken gilt die Bewusstseinsarbeit als sicherster Garant dafür. Die Lohas wollen bewusster konsumieren, bewusster entspannen, bewusster atmen, bewusster alles! Doch das entpuppt sich nicht selten als sprudelnde Quelle der Bedenken.

Die Kunst, lockerzulassen

Der Mensch ist bekanntlich ein Gewohnheitstier und mag Routinen. Sie erweisen sich bei vielen Gelegenheiten als hilfreich, weil sie kostbare geistige Kapazität schonen. Routinen haben aber noch einen zweiten, großen Vorteil: Sie lassen sich als eine Art Kippschalter in den Alltag einbauen. Das kennt jeder, der ein bestimmtes Einschlafritual pflegt: Schafe zählen, dem Ticken des Weckers lauschen, sich an einen Strand mit Meeresrauschen träumen – egal, was es ist, irgendeine feste, monotone Schlummernummer hilft sicher, tief in die Kissen zu sinken.

Sobald man hingegen ins Grübeln kommt, rückt der Schlaf in immer weitere Ferne, und man wälzt sich unruhig von einer Seite auf die andere. Irgendwann kommt dann die Angst: Wenn ich jetzt nicht einschlafe, bin ich morgen total gerädert! Das Kind muss zur Schule, im Büro stehen wichtige Termine an, und am Abend sind wir auch noch bei Schusters eingeladen. Wie soll das nur gehen?

Viele Menschen, die etwa über Durchschlafstörungen klagen, zeigen keine ungewöhnlichen Schlafmuster – sie bewerten das nächtliche Geschehen jedoch anders. Wie oft, glauben Sie, werden wir in einer normalen Nacht im

Schnitt wach? 28 Mal![11] Nur vergessen wir es meist sofort wieder. Zum Problem wird das erst, wenn einen der Gedanke plagt: Nun bist du schon wieder wach und schläfst bestimmt nicht gleich wieder ein! Die *gefühlte* Schlafqualität entscheidet.

Auf ähnliche Weise – durch zu viel Aufmerksamkeit an der falschen Stelle – scheitert nicht selten auch der Versuch, ein paar Kilo abzuspecken. Abnehmwillige machen sich mitunter so viele Gedanken übers Essen, über Kalorien und Fettgehalt, über »Darf ich noch oder hab ich schon zu viel?«, dass sie den Verlockungen des Kühlschranks erst recht nicht widerstehen. Die Kunst besteht darin, lockerzulassen und etwas anderes zu machen: zum Beispiel spazieren gehen oder eine alte Freundin anrufen. Rechtzeitig aus dem Gedankenkarussell aussteigen ist das Ziel – oder noch besser: gar nicht erst aufspringen.

Was hilft uns normalerweise dabei, Alltagsstress zu verdauen? Ganz »unmedizinische« Dinge: eine stabile Partnerschaft. Liebe und Vertrauen. Humor. Bewegung. Freunde. Natur. Einfach alles, was Spaß macht. Inseln des zweckfreien Tuns: Zeit zum Trödeln und Träumen, ohne dass etwas Zählbares dabei herauskommen muss. Daran mangelt es offenbar immer mehr Zeitgenossen – auch, weil sie es sich selbst versagen. Das sei doch nur Zeitverschwendung. So berauben sie sich einer wichtigen Chance, die Seele baumeln zu lassen!

Stressforscher wissen, dass jede Belastung mindestens vier Seiten hat: erstens die realen Anforderungen – der Aufgabenberg im Büro, das kränkelnde Kind zu Hause, die ständigen Anrufe der sich beschwerenden Nachbarn. Zweitens der soziale Puffer. Wohl dem, der einen Partner oder Freunde hat, mit denen er über den dämlichen Chef oder die spießigen Nachbarn lachen kann. Drittens die persönliche Stressempfindlichkeit, die teils biologisch bedingt, teils durch frühere Erfahrungen (mit den Eltern und Geschwistern, überwundene Krisen) geformt wird. Sowie viertens die gedankliche Bewertung. Je nachdem, wo diese Stellschrauben stehen, wirkt ein und dieselbe Situation ganz unterschiedlich.

Wer von Natur aus ein dünnes Nervenkostüm besitzt, braucht vielleicht mehr Unterstützung im Privaten. Wer dagegen den Bürotrubel liebt, weil er sonst das Gefühl hätte, vor Langeweile zu sterben, der verdaut die Hektik auch ohne Poweryoga nach Feierabend. Daraus ergibt sich eine wichtige Erkenntnis: Während man manche der genannten Faktoren kaum ändern oder nur langfristig stärken kann (die Gene oder eine harmonische Partnerschaft etwa), sind andere eher Einstellungssache. Lockerlassen bedeutet auch, den Stress nicht schlimmer machen, als er ist, indem man sich gedanklich hineinsteigert.[12]

Vom Problem zur Störung

Auch bei anderer Gelegenheit schnappt die Falle der sich selbst verstärkenden Aufmerksamkeit zu. Menschen, die einmal eine Panikattacke erlebten, fürchten sich fortan, aus heiterem Himmel davon übermannt zu werden und die Kontrolle zu verlieren. Schon kleinste körperliche Anzeichen deuten sie als Boten des Unheils. Je mehr sie sich dann auf den eigenen Pulsschlag oder Atem konzentrieren, desto sensibler werden sie für deren gewöhnliche Schwankungen – und geraten in eine Spirale der Angst.

Ein ähnlicher Mechanismus liegt vermutlich auch vielen Fällen von Laktoseintoleranz und Elektrosensibilität zugrunde. Wer nach dem Genuss einer Milchspeise oder in der Nähe eines Sendemasts zufällig einmal von Unwohlsein ergriffen wird, erklärt sich das leicht mit den (eigentlich irrelevanten) Umständen der Übelkeit. Horcht er dann das nächste Mal umso mehr in sich hinein, liefert das den vermeintlichen Beweis: Die Milch – oder der Mast – ist schuld! Irgendein Ziehen oder Ziepen entdeckt man schließlich immer.

Solche Nöte von Menschen als übertriebene Empfindlichkeit abzutun wäre zynisch. Zumal wir oft nur die der anderen mit Argwohn betrachten, während wir selbst natürlich allen Grund zu klagen haben. Die Leiden der Psychogesellschaft sind real, keine »Hirngespinste«, und sie wurzeln durchaus in objektiven Gegebenheiten wie Anonymität, Zeitnot, Leistungsdruck. Dennoch sind sie zum Teil auch hausgemacht. Und wie heißt die Lösung? Sich nicht so anzustellen und die Zähne zusammenzubeißen? Nein! Es geht nicht darum, mehr zu erdulden, sondern einen anderen Umgang mit sich selbst zu pflegen. Einen, der entlastet, statt Leiden zu verschärfen.

Manchmal schneidet man sich, ohne es zu merken. Entdeckt man dann später die Wunde, stellt sich prompt ein brennender Schmerz ein. Die Beschäftigung mit Leid verstärkt die Wahrnehmung desselben; was freilich nicht bedeutet, man könne den Schnitt mit einer anderen Geisteshaltung einfach zum Verschwinden bringen. Es geht nicht darum, alles Leiden als übertriebene Empfindlichkeit abzutun. Schon gar nicht sollte man daraus einen Vorwurf stricken nach dem Motto: Wenn du dich nicht so hättest, wäre alles gut! Doch gerade weil es schwerwiegende, therapiebedürftige Störungen gibt, sollten wir nicht jede Abweichung vom Ideal zum Problem erheben. Die entscheidende Frage lautet: Wo beginnt Krankheit? Was ist noch normaler Alltag, was bereits übermäßige Belastung?

DIE NORMALITÄT WIRD ABGESCHAFFT
Weshalb seelische Leiden zunehmen

»Die häufigste Krankheit
ist die Diagnose.«
Karl Kraus

Im Erdgeschoss unseres Hauses hatte einst ein Seelen-klempner seine Praxis. Ein sympathischer Mann, leicht übergewichtig, mit gewinnendem Lächeln. Er stand abends manchmal rauchend vor der Tür, wenn ich von der Arbeit nach Hause kam. Wir nickten uns dann freundlich zu, und er zog an seiner Zigarette, während ich im Haus-flur verschwand.

Die Gegend, in der wir damals lebten, war ein Biotop für Jungakademiker und Alt-68er. An fast jeder Ecke ein Archi-tekturbüro oder eine Anwaltskanzlei, auch an Yogastudios, Heilpraktikern, Ergo- und Physiotherapeuten herrschte kein Mangel. Getoppt wurden sie nur noch von den Psy-chiatern und Psychotherapeuten sowie Instituten für »Be-wusstseinsarbeit« oder »ganzheitliche Körpertherapie«. Das besondere Harmoniebedürfnis des hiesigen Publi-kums war nicht nur an der hohen Seelenklempnerdichte und an den Aushängen auf der Straße abzulesen (»Wege zu den Energieadern im Viertel«), sondern auch daran, dass die Verkäuferin im Bio-Markt die Gesichtscreme mit den Worten pries: »Wissen Sie, dieses Produkt wurde im Ein-klang mit sämtlichen Naturrhythmen hergestellt.«

Als ich eines Abends mit prall gefüllter Einkaufstüte auf dem Arm in unsere Straße einbog, stand unser Hausgenosse rauchend vor der Tür und plauderte mit einer Frau. Während ich ihm zunickte und nach meinem Schlüssel kramte, sagte er zu ihr: »Das ist eine gute Gegend für eine Praxis. Die Leute hier denken viel über sich nach.« Die Frau im roten Filzkleid (das mir erst jetzt auffiel – dem Look nach wohl eine Kollegin) lächelte. Noch ehe ich die Haustür aufgeschlossen hatte, erwiderte sie: »Ja, Selbstreflexion ist gut für das Commitment.«

Unser Seelendoktor hatte recht. Die Leute hier dachten bestimmt viel über sich nach. Mehr als der Durchschnitt. Aber führt einen das geradewegs zum Therapeuten? Hat, wer sich selbst aufzudröseln versucht, mehr Sorgen? Oder bloß weniger Hemmungen, die Dienste eines Seelenexperten in Anspruch zu nehmen? Das hätte ich die beiden gerne fragen wollen – doch stattdessen stieß ich die Tür auf und ging hinein.

Wer ist noch normal?

Ich bin eher ein schüchterner Typ. Einer, der, wenn ihm der Bäcker das Brot geschnitten statt wie gewünscht am Stück über die Ladentheke reicht, es eher einsteckt, als Unannehmlichkeiten zu bereiten. Verrückt, ich weiß. Ich trete Leuten nun mal ungern zu nahe. Früher haderte ich deshalb oft mit mir. Inzwischen weiß ich zwar, wie unsinnig das ist, aber ich erinnere mich noch gut an das Gefühl, irgendwie nicht ganz normal zu sein.

Sind Sie normal? Mit sich und der Welt im Reinen? Oder haben Sie auch die eine oder andere Macke? Müssen Sie immer mit dem rechten Bein zuerst aus dem Bett steigen, weil Sie sonst fürchten, der Tag könne böse enden? Geraten Sie manchmal grundlos in Unruhe? Fühlen Sie sich getrieben? Fürchten Sie, bald auszubrennen? Können Sie Versuchungen schlecht widerstehen? Kommt es Ihnen so vor, als würden andere immer mehr schaffen als Sie? Haben Sie ein Motivationsproblem? Sind Sie entscheidungsschwach? Ist Ihre Tendenz, es allen recht machen zu wollen, nicht schon bedenklich? Oder haben Sie Angst? Vor Spinnen? Vor zu viel Nähe? Vor der Zukunft?

Wenn irgendetwas davon zutrifft, trösten Sie sich, so geht es fast jedem. Und wenn nicht – klarer Fall von Selbstüberschätzung! Wer glaubt, kein Problem zu haben, hat nur nicht tief genug danach geschürft.

Keines der genannten Beispiele ist jedoch per se bedenklich; es kommt auf die Bewertung an. Wie bin ich – und wie sollte ich *eigentlich* sein? Je enger das Raster des Normalen, desto eher wird manche Marotte zum Krankheitssymptom. Die Psychobranche liefert uns das nötige Vokabular, um jeden Knacks fachmännisch einzuordnen: Sozialphobie! Messiesyndrom! Burnout! Perfektionismus! Prokrastination! Derart auf Habtachtstellung gebracht, wähnen wir uns als potenzielle Opfer von Dysbalancen und unverarbeiteten Konflikten und legen alles, was unser seelisches Befinden betrifft, auf die Goldwaage.

Die Psychoexperten bestärken uns darin: Ja, die Welt ist kompliziert geworden, raunen sie uns zu, das Leben ein einziger großer Stressfaktor. Ihr hantiert mit Smartphones und Navigationssystemen, seid hochvernetzt und ständig auf Trab, habt den Lohnsteuerjahresausgleich und die Baufinanzierung verinnerlicht – nur das Einmaleins der Seelenpflege habt ihr verlernt. Doch die Psyche ist ein fragiles Gebilde. Also, seid auf der Hut!

Wann genau das Maß des Erträglichen überschritten ist und Unbehagen in eine Störung »mit Krankheitswert« übergeht, vermag niemand genau zu sagen. Einerseits kennzeichnet auch die gesunde Psyche ein gewisses Maß an Leiden. Andererseits belasten manche Zustände nicht so sehr die Betroffenen selbst als vielmehr ihre Umwelt – so etwa bei Persönlichkeitsstörungen oder bei Manie. Sicher, es gibt halbwegs klare Diagnosekriterien. Aber dabei handelt es sich nur um mehr oder weniger willkürliche Grenzziehungen auf dem weiten Feld der Seelenleiden.

Ob Panik, Sucht, Zwang, Hypochondrie, Essstörung, Burnout – die Hemmschwelle, sich selbst als »gestört« zu outen, ist in den letzten Jahren merklich gesunken. Das lässt sich auch an der Umgangssprache ablesen: »Ich habe Panik vor dem Treffen.« »Das Wetter macht mich depressiv.« »Ich glaube, ich bin kaffeesüchtig.«

Inzwischen bekennen sich selbst Promis vor einem Millionenpublikum zu ihren Leiden.[1] Zwar gibt es nach wie vor Störungen, denen ein besonderer Makel anhaftet (Psychotiker etwa gelten vielen Bürgern als »tickende Zeitbomben«). Doch die meisten Geständnisse lassen die Betreffenden keineswegs in schlechtem Licht dastehen. Man bewundert vielmehr ihren Mut, über eigene Schieflagen zu sprechen. Der Voyeurismus des Publikums trägt ein Übriges zur Popularität der Psycho-Geständnisse bei. Das einstige Tabu, psychische Probleme anzusprechen, bröckelt. Die Stigmatisierung seelischer Störungen ist damit zwar längst nicht überwunden. Doch immerhin gelten sie heute weder als selbst verschuldet noch als unabänderliches Schicksal.

Mancher tritt sogar die Flucht nach vorn an und etikettiert sich selbst als psychisch angeschlagen – denn das kann auch entlasten. Wer krank ist, dem hilft kein »Kopf hoch!« oder »Reiß dich zusammen!«. Der braucht eine Auszeit, oft professionelle Hilfe. Wer krank ist, so der französische Soziologe Alain Ehrenreich, entledigt sich nach außen der Verantwortung und nach innen der Schuld.[2] Die

neue Bereitwilligkeit, sich selbst und anderen ein Seelenleiden einzugestehen, wirft allerdings eine knifflige Frage
auf: Was genau ist ein Seelenleiden?

Krank per Definition

Noch vor zehn oder zwanzig Jahren konnte einem kaum
etwas Schlimmeres passieren, als psychisch krank zu werden. Ohne erkennbare organische Ursache machten sich
Menschen, die an Schwermut, Hysterie oder Wahn litten,
der Verweichlichung verdächtig. Waren die Beschwerden
nicht nur Einbildung? Die Hirngespinste hypersensibler
Gemüter? Dass es lange Zeit kaum taugliche Heilmittel
gab, verschärfte die Lage der Betroffenen weiter. Heute
haben psychische Störungen medizinisch im Prinzip den
gleichen Status wie Diabetes oder Herzrhythmusstörun-
gen. Dennoch sind die Kriterien zur Diagnose seelischer
Krankheiten nach wie vor weicher als bei körperlichen Beschwerden.

Somatische Mediziner haben es insofern einfacher, als
das Einnisten von Viren in der Nasenschleimhaut oder der
Befund im Röntgenbild zumindest einen Hinweis auf die
Quelle des Übels geben. Wie stark die Beschwerden des
Patienten sind, weiß zwar letztlich auch nur dieser. Doch
Krankheiten des Körpers bieten in der Regel (wenn auch
nicht immer) feste Anhaltspunkte – und der Betroffene ist
beruhigt, dass er »wirklich etwas hat«.

Nach diesem Vorbild versuchen manche Psychiater
seelische Leiden als Krankheiten des Gehirns zu definieren. Alle Versuche, eindeutige, womöglich sogar zur Diagnose brauchbare Kennzeichen in der Hirnaktivität oder
in den Genen dingfest zu machen, sind bislang allerdings
gescheitert. Störungen der Psyche stehen heute zwar nicht

mehr unter dem Verdacht, bloße Hirngespinste zu sein – doch deshalb lassen sie sich noch lange nicht zu »Hirnkrankheiten« umdeuten. Sie sind stets eingebettet in Lebensumstände und individuelle Bewertungen.

Dass die Zahl psychiatrischer Diagnosen immer weiter steigt, hat auch damit zu tun, dass sich Mediziner gern neue Betätigungsfelder erschließen. Ob Verbitterungsstörung, körperdysmorphes Syndrom, chronische Müdigkeit oder Depersonalisation – für jedes erdenkliche Phänomen haben Fachleute festgelegt, wann es in welche Störungsgruppe einzuordnen ist. Die aktuelle Bibel der Seelenleiden – die 5. Auflage des »Diagnostischen und Statistischen Manuals« der US-Psychiatervereinigung, kurz DSM-5 genannt – verzeichnet gut 400 Störungen. Die von der Weltgesundheitsorganisation (WHO) herausgegebene Klassifikation der Krankheiten (der ICD-10) kennt vergleichbar viele Leiden der Seele.

Die hohe Differenziertheit der Diagnosen ist einerseits wichtig, um spezielle Problemlagen von Menschen zu erkennen und gezielt zu behandeln. Dass es zum Beispiel mehr als zwei Dutzend verschiedener Subformen der Depression gibt, ermöglicht es, nicht alle Schwermütigen in einen Topf zu werfen und ihnen je nach der genauen Problemlage zu helfen. Andererseits lassen die Diagnosesysteme aber auch viel Raum für Diskussion, ja für Willkür. Das zeigt etwa die Revision der großen Krankheitskataloge.

Mit jeder neuen Auflage des DSM (die derzeit gültige Version erschien 2013) kamen weitere und immer speziellere Diagnosen hinzu. Dies ist ein zweischneidiges Schwert. Was spräche etwa dagegen, häufige Sexphantasien von Männern als zwanghaften Zustand zu deuten? Tatsächlich wurde die »hypersexuelle Störung« nach langen Diskussionen in das DSM-5 aufgenommen. Ist die ständige Sorge um das Äußere bei Frauen ein Vorbote verzerrter Körperwahrnehmung? Sind zurückhaltende Kinder, die manchmal unvermittelt in Wut ausbrechen, manisch-depressiv? Wird die Trauer um einen Verstorbenen nach zwei Monaten pathologisch? All dem steht im Prinzip nichts im Weg – zumal neue Störungsbilder und sinkende Diagnosehürden für Psychiater und die mit ihnen verbandelte Pharmabranche naturgemäß lukrativ sind.

Hat eine Störung das Licht der Welt erblickt, wird sie als naturgegeben verkauft, so wie es unserem intuitiven Verständnis von Krankheit entspricht. Sie befällt einen, hat typische Ursachen, Kennzeichen und einen relativ festen Verlauf.

Das ist der Job der Seelenexperten: Sie unterteilen das Spektrum der Leidensformen in handliche Kategorien und stellen Diagnosekriterien auf.

Klassisches Beispiel: Für eine klinische Depression müssen mindestens zwei Wochen lang getrübte Stimmung, schnelle Ermüdbarkeit und Antriebsverlust bemerkbar sein. Hinzu kommen mindestens zwei der folgenden Symptome: Unkonzentriertheit, Selbstzweifel, verminderter Appetit, Schlafprobleme, Schuldgefühle, Suizidgedanken oder Zukunftsängste. Entscheidend ist die Einschätzung des Patienten – klar, schließlich geht es um sein subjektives Befinden.

Ist eines der Kriterien nicht erfüllt oder liegt es nicht lange genug oder nicht eindeutig vor, hat der Betreffende gemäß Lehrbuch keine Depression. (In der Praxis weichen Betroffene natürlich sehr häufig vom Idealtypus ab, sodass die Zahl der Sonderfälle enorm groß ist. Sie landen oft in der Kategorie »nicht genauer bezeichnete Störung«). Auch wenn bei Aufstellung von Diagnosekriterien natürlich epidemiologische Zahlen und Fakten berücksichtigt werden – keine Studie und kein Expertenknow-how ergeben zwangsläufig, wie eine Störung auszusehen hat. Ihre Grenzen müssen künstlich abgesteckt werden.

Vier Dinge gelten allgemein als Voraussetzung dafür, dass eine seelische Störung vorliegt: Die Betreffenden (oder Menschen in ihrer Umgebung) leiden, sie erleben unkontrollierbare Reaktionen, die mehr oder weniger grundlos und in ihrer Heftigkeit übertrieben sind. Angst kennt jeder, doch wer beim Anblick einer voll besetzen U-Bahn in Panik gerät, hat ein Problem. Alle vier Kriterien gelten jedoch nicht absolut; sie sind zu einem gewissen Grad Ansichtssache. Und in einer Atmosphäre der kollektiven Beunruhigung, wie sie uns heute ergriffen hat, leidet es sich eben leichter.

Die Misere in Zahlen

In den letzten Jahren nahmen psychische Störungen hierzulande deutlich zu. Immer mehr Deutsche scheinen an Depressionen und Ängsten, Süchten und psychosomatischen Beschwerden (Schmerzen oder Erschöpfung ohne ersichtliche körperliche Ursache) zu leiden, um nur die häufigsten Diagnosen zu nennen. Die Zahl der seelisch bedingten Krankschreibungen stieg laut Barmer-GEK, der größten deutschen Krankenkasse, zwischen 1998 und 2008 um gut 80 Prozent. Allein im Jahr 2010 verzeichnete die Techniker Krankenkasse unter ihren 3,4 Millionen Versicherten einen Zuwachs von 14 Prozent. 2011 ging jede sechste Krankschreibung auf das Konto von seelischen Problemen.[3]

Auch bei den Frühverrentungen sind psychische Störungen heute Spitzenreiter: Ihr Anteil an allen Anträgen auf vorzeitige Erwerbsminderung stieg binnen zehn Jahren von 24 auf aktuell 39 Prozent.[4]

Entwicklung der Fehlzeiten bei Berufstätigen (Fehltage im Jahr 2000 = 100%)

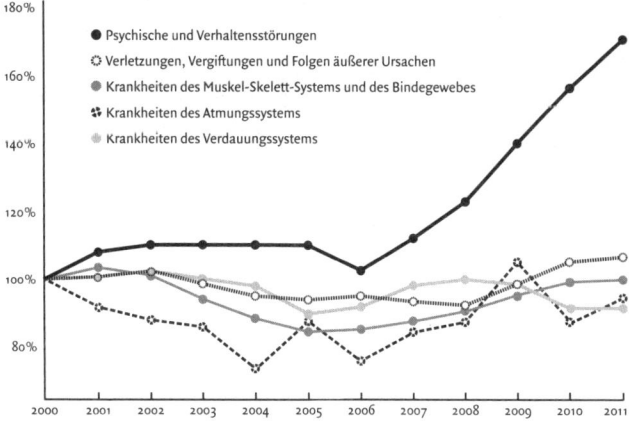

- ● Psychische und Verhaltensstörungen
- ○ Verletzungen, Vergiftungen und Folgen äußerer Ursachen
- ● Krankheiten des Muskel-Skelett-Systems und des Bindegewebes
- ✣ Krankheiten des Atmungssystems
- ● Krankheiten des Verdauungssystems

Die Zahl der psychisch bedingten Arbeitsausfalltage steigt seit Jahren stetig.
(Quelle: Techniker Krankenkasse 2012)

Die am weitesten verbreiteten Krankheiten der Seele sind Depressionen und Angststörungen: Auf ein Jahr bezogen erkrankt etwa jeder vierte Deutsche daran. Somatoforme Störungen – jene Fälle von Schmerzen, Ermattung oder Anspannung, für die keine körperlichen Ursachen auszumachen sind – schlagen mit rund 15 Prozent zu Buche.[5] Laut TK-Gesundheitsreport 2010 stieg die Menge der verordneten Antidepressiva (die oft auch gegen Ängste verschrieben werden) zwischen 2000 und 2009 um 107 Prozent.

Worauf gründet diese Zunahme der Seelennöte? Viele Experten geben darauf eine scheinbar paradoxe Antwort. Nicht die Zahl der Erkrankungen nähme zu, sondern nur die der Diagnosen.[6] Wissen kann dies freilich nur, wer die »wahre« Verbreitung seelischer Erkrankungen kennt; nur wie geht das – *ohne* Diagnose? Vor allem aber vernachlässigen jene, die seelische Leiden heute nicht für verbreiteter halten als vor dreißig oder fünfzig Jahren, eine andere Tatsache: Die Popularität von Krankheitslabeln wie Burnout, ADHS oder Internetsucht sowie die öffentliche Diskussion darüber erzeugt Betroffene. Denn wofür es einen Namen und eine anerkannte Theorie gibt, das nimmt man auch gleich ganz anders wahr.

»Seelischem Leid wird heute mehr Aufmerksamkeit zuteil«, erklärt Hans-Ulrich Wittchen von der TU Dresden. Der Psychologe koordinierte im Jahr 2010 ein europaweites Projekt, das die Verbreitung und Kosten seelischer Erkrankungen ermessen sollte. Hierzu sammeln und analysieren die Epidemiologen Daten aus allen EU-Mitgliedsstaaten. Die Statistik spricht eine klare Sprache: Rund jeder dritte Europäer, insgesamt etwa 165 Millionen Bürger, leidet mindestens einmal im Verlauf eines Jahres an einer psychischen Krankheit. Im Lauf des Lebens erkrankt statistisch etwa jeder zweite.[7]

Im Vergleich zur letzten Erhebungswelle von 2005 stellten die Forscher zwar keine dramatischen Zuwächse bei einzelnen Störungen fest, doch wurden 14 neue erstmals in das Untersuchungsspektrum aufgenommen, darunter Demenz und ADHS. Folglich stieg die Quote der Betroffenen von 24,9 Prozent auf 34,6 Prozent. Je nachdem, welche Krankheitsbilder künftig Eingang in die Diagnosekataloge finden, dürfte die Zahl der Betroffenen weiter anwachsen.

Die Gründe dafür sind vielfältig. Die Hürden für einige Diagnosen sind gesunken, Hausärzte achten stärker als früher auf entsprechende Anzeichen, Patienten wiederum geben eher über seelische Nöte Auskunft, und auch die Gesellschaft insgesamt ist offener geworden gegenüber psychischen Leiden. All das trägt zum Anstieg in den Statistiken bei.[8] Nachrichten wie »Depressionen nehmen zu!« verraten folglich nur die halbe Wahrheit.

Burnout macht Karriere

Wie ein verbreitetes Unbehagen zu massenhafter Seelenpein erklärt wird, lässt sich an der erstaunlichen Popularität mancher Syndrome ablesen – allen voran: der Burnout.
Die Zahl derer, die sich wegen andauernder Überforderung chronisch erschöpft und lustlos fühlen, ist in den vergangenen Jahren dramatisch gestiegen. Von bis zu neun
Millionen Betroffenen in Deutschland ist die Rede – das
entspräche fast jedem vierten Arbeitnehmer. Doch auch
Studierende, Senioren oder Arbeitslose können an Burnout erkranken.

Aufgebracht hat den Begriff der New Yorker Psychoanalytiker Herbert Freudenberger im Jahr 1974.[9] Er beschrieb
damit eine distanzierte bis zynische Haltung unter Menschen in Sozial- und Pflegeberufen, die typisch sei, wenn
hohes persönliches Engagement auf geringe Anerkennung treffe. In den knapp vier Jahrzehnten seit seiner Erst-
diagnose ist das Syndrom so populär geworden wie kein
zweites. Inzwischen gilt jeder, der sich übermäßig für eine
Sache engagiert und nicht genügend Ruhepausen einlegt,
als gefährdet. Dauernder Stress, Raubbau an den eigenen
Kräften und Perfektionsstreben werden als wichtigste
Ursachen angesehen. Die Symptome: Schlafprobleme, ein
Gefühl der inneren Leere, Unlust bis hin zu Suizidgedanken – ähnlich wie bei einer Depression.

Der Onlinehändler Amazon verzeichnet mehr als 10 000
Buchtitel zum Thema Burnout, auch Tagespresse, Fernse-
hen und Internet quellen über vor Horrorszenarien. Dabei
gibt es ein solches Krankheitsbild offiziell gar nicht. Am
ehesten wird Burnout als »Erschöpfungsdepression« aufgrund dauerhafter seelischer Überlastung beschreiben –
und so auch meist diagnostiziert.[10]

Zwischen 2006 und 2008 nahm die Zahl der depressiven Erkrankungen hierzulande um rund zehn Prozent zu – auf mindestens vier Millionen Betroffene. Nach Hochrechnungen der WHO wird die Schwermut bis 2020 auf der Liste der weltweit am meisten verbreiteten Krankheiten den zweiten Rang einnehmen (hinter den Herz-Kreislauf-Erkrankungen). Im Vergleich zur Depression gilt ein Burnout (zumindest unter den Betroffenen) als leichter behandelbar. Einige Wochen Auszeit mit entsprechender Reha und Anti-Stress-Training – dann sollte sich die Sache wieder einrenken. Wer zudem seine »Work-Life-Balance« wieder ins Lot bringt, ist vor dem Rückfall gefeit: auf regelmäßige Ruhephasen achten, sich Erfolgserlebnisse verschaffen, notfalls den Job wechseln. Ein Leben im Schongang ist der beste Schutz vor Überforderung.

Allerdings: Wenn dem Burnout eine handfeste Depression zugrunde liegt, können zu viel Ruhe und Schlaf die Symptome sogar noch verstärken und das Suizidrisiko erhöhen! Und von »Vitalstoffpräparaten«, die neuerdings gegen die seelische Erschöpfung verschrieben werden, profitiert nur der Hersteller.

Was sind die Gründe für die heutige Burnout-Epidemie? Die Lebensumstände in der modernen westlichen Gesellschaft sind dafür mitverantwortlich. Die Menschen in den hoch entwickelten Industrieländern arbeiten heute zwar weder mehr noch härter als frühere Generationen, und die durchschnittliche Wochenarbeitszeit sank im Lauf der letzten Jahrzehnte kontinuierlich. Doch die Art, *wie* wir arbeiten, hat sich gewandelt. Heute muss man in vielen Jobs flexibler, schneller und selbstständiger agieren als je zuvor. »Soft Skills« wie Organisationstalent und Eigeninitiative sind gefragt. Gleichzeitig sind wir per Handy und Internet nahezu immer und überall erreichbar geworden, Arbeit und Freizeit gehen oft fließend ineinander über, eine Flut von Informationen strömt ständig auf uns ein. Das alles kann aufs Gemüt drücken. Die Popularität des Burnouts erklärt es allein jedoch nicht. Diese gründet vor allem darauf, dass es viele Menschen geradezu als Auszeichnung begreifen, wenn ihr Motor »heiß läuft«. Wer ausbrennt, der muss einmal gebrannt haben – für die Firma, die Familie, für seinen großen Traum vom Erfolg. Während Depressionen den Touch des Unabänderlichen haben (»einmal depri, immer depri«), lässt sich Burnout überwinden – am besten in einer spezialisierten Klinik.

Andere Zeiten, andere Leiden

Jede Zeit hat die Krankheiten, die sie verdient. Gut einhundert Jahre vor der Erfindung des Burnouts ging eine andere Modediagnose um, die ebenfalls den veränderten Lebensbedingungen vieler Menschen geschuldet war: die Neurasthenie. In der zweiten Hälfe des 19. Jahrhunderts machte sie der US-Mediziner George Miller Beard populär.[11] Das schon bald als »Amerikanische Krankheit« bekannte Syndrom (Neurasthenie heißt wörtlich übersetzt »Nervenschwäche«) galt als typischer Ausdruck des von Hektik und Betriebsamkeit geprägten »American Way of Life«.

Um die Jahrhundertwende schwappte der eigentümliche Mix aus Erschöpfung, Reizbarkeit und Schmerzen nach Europa. 1898 schrieb ein französischer Arzt: »Heute weiß jeder, was der Begriff Neurasthenie bedeutet – zusammen mit dem Wort Fahrrad ist er einer der gebräuchlichsten Begriffe dieser Zeit.«[12] Die Diagnose war damals so populär wie heute das Burnout-Syndrom. »Jedermann war neurasthenisch«, so ein Psychiater des Fin de Siècle, »und man war entzückt, wenn man die Ehre hatte, es zu sein.«[13]

Das Beispiel zeigt: Seelische Krankheiten spiegeln auch gesellschaftliche Trends. Alles, was es braucht, ist ein wohlklingendes Syndrom und eine plausible Theorie darüber, wie es entsteht und was dagegen hilft. Die zur Krankheit erhobene mentale Erschöpfung erfüllte damals wie heute eine wichtige Funktion – sie gewährt Menschen einen Schonraum. Wer krank ist (oder sich dazu erklärt), kann sich ausklinken und abseits des Stroms der Geschäftigen auftanken. »Seht her, ich habe gebrannt – doch jetzt ist meine Belastungsgrenze überschritten.« Die Krux besteht darin, dass das Zuschreiben von Krankheit die Belastung unter Umständen erst erschafft.

Eine feste Grenze zwischen »normal« und »gestört« gab es noch nie; wo man sie zog, war schon immer davon abhängig, wie sehr man die Andersartigkeit von Menschen tolerierte. Heute ist ein wachsender Trend zu Pathologisierung zu erkennen: Vor lauter Drang zur Selbstoptimierung erscheinen uns immer mehr Ticks als behandlungswürdige Störungen. Wer früher nur schüchtern war, leidet heute an sozialer Phobie. Jähzorn wird zur Impulskontrollstörung, Dünnhäutigkeit zur Hypersensibilität und der Hang, Erledigungen bis zum Sanktnimmerleinstag aufzuschieben, zur Prokrastination. Ein ungestümer Bewegungsdrang zeugt vom Aufmerksamkeitsdefizit-Hyperaktivitätssyndrom (ADHS), bei Erwachsenen genauso wie bei Kindern. Wer beim Essen extrem wählerisch ist, leidet an Orthorexie, und wer gefühlsmäßig nicht »mitschwingt«, ist alexithym.

Auch die Liste der Phobien wird lang und länger. Waren die Panikattacken einst im Wesentlichen auf Angst vor Getier wie Spinnen oder Schlangen, enge Räume und große Höhen beschränkt, so kennt man sie heute auch vor dem Erröten, vor dem Ausgelachtwerden, vor der Ansteckung mit Krankheitskeimen durch Händeschütteln oder davor, auf öffentlichen Toiletten urinieren zu müssen.

Die meisten dieser Störungen werden in den offiziellen Diagnosehandbüchern nicht als eigenständige Krankheiten geführt. Allerdings findet sich mit etwas gutem Willen durchaus eine Schublade. Zur Not wird die Malaise als »Anpassungsstörung« deklariert, eine Art Resterampe für unklare Problemlagen, die als »emotionale Schwierigkeiten nach einem einschneidenden Lebensereignis« definiert sind. Schon steht der Therapie nichts mehr im Weg.

Immer mehr Seelennöte?

In einer Fachzeitschrift berichtete der Psychiater Ulrich Streeck vor Jahren von einer weitverbreiteten Krankheit, der »Generalisierten Heiterkeitsstörung« (GHKS) – und erwischte damit etliche seiner Kollegen auf dem falschen Fuß. Das satirisch gemeinte Phantasiesyndrom, deren Hauptsymptom Streeck als »wirklichskeitunangemessene« gute Laune beschrieb,[14] erregte das Interesse vieler Fachkollegen. Der Mediziner erhielt so viele Anfragen nach Informationen zu der Störung, dass er sich zu einer Richtigstellung veranlasst sah.

Die Unsitte, neue Störungen auszurufen, um an ihrer Behandlung zu verdienen – im Englischen *Disease Mongering* (»Feilbieten von Krankheiten«)[15] genannt –, hat auch in der Psychiatrie längst Einzug gehalten. Eines der bekanntesten Beispiele ist das sogenannte Sissi-Syndrom, das sich durch Unruhe gepaart mit heftigen Gefühlsschwankungen und geringem Selbstbewusstsein auszeichne. Auf diese »Problematik«, an der depressive junge Frauen angeblich besonders häufig litten, machte 1998 eine Anzeigenkampagne der Pharmafirma SmithKline Beecham (heute: GlaxoSmithKline) aufmerksam. Mit dem griffigen Schlagwort wollte die PR-Agentur Wedopress den Antidepressiva ihres Auftraggebers neue Absatzchancen eröffnen. Unter Fachleuten ist das Sissi-Syndrom dagegen unbekannt.[16]

Auch die seelische Gesundheit ist ein Markt, auf dem Angebot und Nachfrage regieren; und er wächst umso schneller, je mehr behandlungswürdige Störungen »entdeckt« werden. Entsprechend schrumpft die Chance, ohne Seelenpein durchs Leben zu kommen. »Die seuchenhafte Ausbreitung von Wahn und Irrsinn hält nicht nur den Stand der Nervenärzte und Psychotherapeuten in Lohn und Brot, sondern beschert auch pharmazeutischen Firmen glänzende Geschäftsbilanzen«, schreibt der Medizinjournalist Jörg Blech. »Verkaufe eine Krankheit, um Medikamente zu verkaufen – diese Strategie ist typisch gerade für die Nervenheilkunde, eben weil die diagnostischen Kriterien in ihr naturgemäß besonders weich sind.«[17]

Deutlich moderater klingt das aus dem Mund von Psychiatern: »Wenn wir uns mit psychischen Krankheiten beschäftigen, sollten wir uns immer vor Augen halten, dass es in diesem Bereich selten unanfechtbare, gesicherte Antworten gibt«, erklären die Autoren des Lehrbuchs »Klinische Psychologie«.[18] In jedem Fall sind psychiatrische Diagnosen geräumige Schubladen, in denen eine große Bandbreite von Befindensweisen landen. So gibt es etwa die Depression gar nicht, denn Art und Ursachen der Schwermut können von Fall zu Fall ganz verschieden sein. Wie bei allen Psychosyndromen handelt es sich um ein Etikett für ein weites Spektrum von Zuständen – und es wird immer mehr darunter subsumiert.

Dafür sorgen nicht allein die Psychobranche und die »böse Pharmaindustrie« – sondern auch deren Kunden: Sie nehmen ein neues Syndrom beherzt für sich in Anspruch, solange es nicht als Makel gilt und die passende Therapie Abhilfe von alltäglichen Übeln verspricht.

Der britische Schriftsteller Aldous Huxley bemerkte einmal süffisant, die Medizin sei heute so weit fortgeschritten, dass niemand mehr gesund sei. Es liegt eine tragische Ironie darin, dass der Wunsch nach immer umfassenderem Wohlbefinden Krankheit produzieren kann.[19]

Ausweitung der Behandlungszone

Mit durchschnittlich 18 Arztbesuchen pro Kopf und Jahr sind die Deutschen Weltmeister in dieser Disziplin.[20] Während sich die Zahl der Krankschreibungen wegen körperlicher Beschwerden in den letzten vier Jahren fast halbierte, verdoppelte sich die aufgrund seelischer Probleme. Der deutschen Wirtschaft entgeht durch psychisch bedingte Ausfälle Arbeitsleistung im Wert von 45 Milliarden Euro jährlich, die Behandlungskosten für Seelenleiden belaufen sich hierzulande auf etwa 30 Milliarden.[21] Ist es um unsere Psyche womöglich umso schlechter bestellt, je mehr Helfer sich darum bemühen?

Schätzungen zufolge absolviert knapp ein Prozent der erwachsenen Deutschen, circa 600 000 Menschen, eine Psychotherapie. Jährlich werden Millionen Angstgestörte, Depressive, Zwanghafte und Suchtpatienten ambulant und (immer häufiger) in spezialisierten Kliniken behandelt. Die stationäre Therapie dauert im Schnitt etwas mehr als einen Monat, und ein Drittel der Patienten lässt sich innerhalb von zwei Jahren erneut einweisen.[22] Sind diese Menschen Opfer des gesellschaftlichen Leistungsdrucks? Einer nicht mehr zu bewältigenden Informationsflut? Des modernen Individualismus, der Halt bietende soziale Beziehungen zunehmend schwinden lässt? Sicher, all das sind wichtige Faktoren. Doch sie haben sich in den letzten fünf bis zehn Jahren nicht grundlegend geändert. Die Ausweitung der Behandlungszone beruht somit wohl vor allem auf der wachsenden Bereitschaft, sich oder anderen eine psychische Störung zu attestieren.

Den Vorwurf, sie würden immer neue Gefährdungen und prekäre Zustände der Seele ausrufen, kontern die Psychoexperten häufig mit dem Argument, eine strikte Trennung von gesund und krank sei ohnehin nicht möglich. Die meisten Menschen litten irgendwann einmal an einer psychischen Störung, so wie man sich eben auch manchmal einen Virus einfängt oder den Knöchel vertritt. Statt diese Unglücklichen auszugrenzen, sollte man sie darin bestärken, dem Problem ins Auge zu sehen und professionelle Hilfe zu suchen. Allerdings ist es mit dem »Ins-Auge-Sehen« so eine Sache: Je mehr wir von seelischem Leid umringt sind und nach Anzeichen dafür Ausschau halten, desto eher glauben wir uns betroffen. Und »Stimmungstief« ist nun einmal ein weit dehnbarerer Begriff als »Schnupfen«.

Wir stecken in einem Dilemma. Einerseits dürfen psychische Probleme nicht ignoriert und totgeschwiegen werden, andererseits sollten wir uns auch nicht laufend überbesorgt fragen: »Bin ich noch normal?« Wir brauchen beides: Sensibilität für Seelennöte und die Fähigkeit, ein gewisses Maß davon hinzunehmen – oder auf andere, gesündere Weise damit umzugehen.

EVIDENZ STATT EMINENZ
Was seriöse Therapie
von Quacksalberei unterscheidet

»Zeige mir einen Gesunden,
und ich werde ihn heilen.«
Carl Gustav Jung

Dem wachsenden Fundus der Störungen steht eine unübersehbare Fülle von Therapiemethoden gegenüber. In der Fachliteratur ist von bis zu 700 Verfahren die Rede.[1] Offenbar gibt es für jedes Problem eine maßgeschneiderte Reparaturanleitung. Und jeden Monat kommen neue hinzu.

»In der Psychotherapie wurde schon seit Jahren nichts grundlegend Neues mehr erfunden«, erklärt der Therapieforscher Martin Bohus vom Zentralinstitut für Seelische Gesundheit in Mannheim. »Was da auf den Markt drängt, sind lauter kleine Gesundheitsunternehmen.«[2] Das Rezept: Man nehme ein bereits existierendes Verfahren, wandle es leicht ab, gebe dem Ganzen einen neuen, klangvollen Namen und produziere Daten, die auf eine Wirksamkeit hindeuten. Mögen sie auch dürftig ausfallen (eine Handvoll Betroffener berichtet nach der »Intervention«, es gehe ihnen soundso viel besser) – inzwischen hat sich herumgesprochen, dass Fakten hermüssen, um eine Behandlungstechnik erfolgreich zu vermarkten. Eine gut klingende Theorie allein, wie das Ganze wirken *sollte*, reicht nicht mehr. Das war lange Zeit anders.

Einst bürgte das Renommee des Erfinders für die Methode, die entsprechend mit dem Zusatz »nach xy« versehen wurde: Gesprächstherapie nach Rogers, Hypnotherapie nach Erickson, Bewegungslehre nach Feldenkrais. Der gute Name des Meisters steht dabei nicht nur für die Art des Vorgehens und die zugrunde liegende Theorie, sondern auch dafür, dass die Sache etwas taugt (und an welches Institut die Lizenzgebühren zu zahlen sind). Harte, unabhängige Prüfung – Fehlanzeige!

Erstaunlicherweise hat es Jahrzehnte gedauert, bis sich unter Therapeuten die Einsicht durchsetzte, die Güte einer Heilmethode sei an allgemein nachvollziehbaren, empirischen Fakten zu messen. Wie in der somatischen Medizin macht heute auch in der Psychoszene das Schlagwort der »Evidenzbasiertheit« die Runde. Bestätigte Wirksamkeit, nicht Treu und Glaube oder anekdotische Erfolgsgeschichten (»Das hat schon so vielen geholfen!«) sollen als Qualitätssiegel dienen.

Seit dem Erlass des Psychotherapiegesetzes 1999 sind psychologische Psychotherapeuten in Deutschland ihren Medizinerkollegen im Prinzip gleichgestellt. Abgesehen von dem ärztlichen Privileg, Medikamente zu verschreiben, können sie wie alle Heilberufler über die Krankenkassen abrechnen. Das gilt freilich nur für die drei anerkannten »Richtlinienverfahren« Verhaltenstherapie, Psychoanalyse und tiefenpsychologisch fundierte Gesprächstherapie. Der bunte Reigen der systemischen Therapien – wozu neben der Familientherapie auch das Neurolinguistische Programmieren (NLP) zählt –, die klientenzentrierte Gesprächstherapie, die Gestalttherapie und andere Verfahren der humanistischen Psychologie, Psychodrama, Schema-, Ego-State- und Körpertherapie (um nur ein paar zu nennen) – sie alle gehen seitens der Versicherungsträger leer aus.

Für das Gros dieser Methoden gibt es auch nur wenig verlässliche Daten. Anders als Medikamente werden Psychotherapien nicht gemäß strenger, gesetzlicher Auflagen geprüft. Vielmehr kocht jeder Interessenverband oder der einzelne Praktiker sein Süppchen, produziert mehr oder weniger ausgefeilte Studien und legt diese dem »Wissenschaftlichen Beirat Psychotherapie« zur Begutachtung vor. Dieser Expertenklub spricht dann Empfehlungen für Krankenkassen und Gesetzgeber aus. Bindend sind sie allerdings nicht.

Mit Abstand am besten untersucht und in ihrer Wirksamkeit bestätigt ist die Verhaltenstherapie, gefolgt von der Psychoanalyse. Doch auch Verfahren, die erwiesenermaßen etwas taugen, helfen deshalb noch lange nicht jedem. Und umgekehrt kann mitunter selbst der größte Humbug anschlagen – eine Tatsache, der viele Methoden der Alternativmedizin ihre Beliebtheit verdanken.

Woran also misst sich der Erfolg einer Therapie? Klar, sie ist wirksam, wenn sich der Behandelte danach besser fühlt als vorher. Mit dem konkreten Vorgehen muss das zunächst gar nicht viel zu tun haben. Es tut dem Klienten bereits gut, mit seinen Nöten ernst genommen zu werden und sich in guten Händen zu fühlen. Vermutlich hat schon die Zuwendung seitens eines als kompetent und aufmerksam erlebten Experten beträchtlichen Anteil an der Behandlungswirkung.

Der alternative Psychomarkt

Rund um das etablierte Gesundheitswesen gedeiht ein Dschungel der Psychomethoden. Manches, was hier angeboten wird, mag auf den ersten Blick plausibel erscheinen, basiert aber auf völlig haltlosen Ansätzen; Wirksamkeitsbelege, die diesen Namen verdienen, sind nicht nur die krasse Ausnahme; unter den Anhängern vieler Verfahren herrscht sogar die Ansicht vor, skeptisches Hinterfragen sei der Sache abträglich – der Glaube heile schließlich mit.

Daran wäre im Prinzip nichts auszusetzen, würde es den Kunden tatsächlich helfen, ihren Alltag besser zu bewältigen. Und wenn nicht, schade es doch bestimmt nichts, es einmal mit Ich-Versenkung zu probieren. Doch das ist ein großer Irrtum! Die Vorstellung, spinnerte Guru-methoden könnten kaum Unheil anrichten, ist falsch, denn die esoterische Seelenbranche verbindet eine kollektive Pflicht zur Ich-Beschau mit Heilsversprechen, deren Unerfüllbarkeit die Not der Betroffenen häufig noch verstärkt.[3]

Die Enquete-Kommission »Sekten und Psychogruppen« zählte im Jahr 2008 rund 1000 verschiedene Heilslehren mit Psychotouch.[4] Zu den beliebtesten gehören Auralesen, Bioenergetik, Geistheilung, Kraniosakraltherapie, Osteopathie, Pendeln, Quantenheilung, Rebirthing und Wünschelrutengänge. Die Journalistin Heike Dierbach schätzt die Zahl der Anbieter obskurer Heilslehren auf rund 17 000.[5] Dahinter stehen oft quasireligiöse Glaubenssysteme, deren Erfinder dazu aufrufen, sich ihren Ideen von Wiedergeburt, Selbstheilung oder kosmischen Energiebahnen anzuschließen. Millionen Menschen schwören auch auf homöopathische Zauberwässerchen, heilende Edelsteine oder medizinisch unsinnige Entgiftungskuren. Liegen all diese Menschen falsch? Können so viele Anhänger alternativer Heilmethoden nicht beurteilen, was gut für sie ist?

Die Wirkung der Pseudotherapien beruht allein auf dem Placebofaktor. Und damit fahren die Anbieter – gemessen am Kundeninteresse – offenbar nicht schlecht. Ein wichtiger Grund dafür: Anders als die meisten Schulmediziner nehmen sich die Alternativos Zeit für ihre Kunden. Sie haben ein offenes Ohr, führen saumselige Gespräche und suggerieren Know-how. Manches verbale Brimborium fördert den heilsamen Glauben an die Methode zusätzlich – und damit den Placeboeffekt.

Man muss nicht mal ein glühender Anhänger der betreffenden Lehre sein. Positive Wirkungen von Scheinbehandlungen kommen selbst dann zum Tragen, wenn der Fake erkennbar ist, wie Ted Kaptchuk von der Harvard Medical School bewies. Er verordnete Patienten mit Reizdarm-Syndrom ein Medikament – doch auf der Packung stand gut lesbar das Wort »Placebo«.[6] Die Testkandidaten mussten annehmen, nur als Versuchskaninchen zu dienen und versehentlich eine offen etikettierte Schachtel des Präparats erhalten zu haben. Zweimal am Tag eine Pille, und nach drei Wochen hatten sich die Symptome deutlich gebessert, ob mit oder ohne den verräterischen Aufdruck. Siehe da: Schon das Ritual des Tablettenschluckens bringt anscheinend Linderung.

Was tatsächlich hilft

Zurück zur wissenschaftlich anerkannten Psychotherapie. Sie ist über den Placeboeffekt hinaus wirksam, gleichwohl spielt er auch hier eine Rolle. Die meisten Untersuchungen kommen zu dem Ergebnis, dass sich Patienten nach einer Psychotherapie besser fühlen als rund drei Viertel derer, die (bei gleicher Problemlage) nicht zum Therapeuten gehen.[7] Jede Behandlung kann das Problem, dessentwegen sie begonnen wurde, entweder lindern, es verschlimmern oder gar nichts daran ändern. Laut einer Studie im Auftrag der Techniker Krankenkasse berichten zwei von drei Klienten nach einer Psychotherapie von einer Linderung, gut ein

Viertel stellt keine Veränderung fest, bei bis zu jedem zehnten verschlechtert sich der Zustand.[8]

Allerdings: So weich wie die Kriterien für ein behandlungswürdiges Problem sind naturgemäß auch die für den Therapieerfolg. Veränderung der Symptome und des allgemeinen Befindens der Behandelten werden mittels standardisierter Fragebogentests erhoben. Doch auf die Frage »Hat's geholfen?« lautet die Antwort mit großer Wahrscheinlichkeit »Ja« – egal, was dahintersteckt.

Das liegt nicht zuletzt am natürlichen Auf und Ab des Lebens. So gut wie alles – ob Wetter, Wechselkurse oder Wohlbefinden – schwankt um einen Mittelwert. Das bedeutet, nach einem Ausschlag in die eine Richtung schwingt das Pendel höchstwahrscheinlich wieder in die andere zurück. Auf einen Tag mit Rekordtemperaturen folgt ziemlich sicher ein (etwas) kühlerer; und steht der Euro auf Jahreshoch, wird er tags darauf wohl eher wieder sinken. Wer nun mitten in einer persönlichen Krise Hilfe sucht, hat so zumindest einen Vorteil: Die Zeit arbeitet für ihn. Ob die gefühlte Erleichterung wirklich vom Zwiegespräch mit dem Therapeuten herrührt? Vielleicht wäre es auch von allein besser geworden? Diese Quelle von Fehlurteilen bezeichnet man als »Regression zur Mitte«.

Aus dem gleichen Grund erscheint Tadel manchem wirksamer als Lob: Bringt Lukas in der Mathearbeit eine Eins nach Hause und Lars eine Fünf, bekommt der eine von den Eltern ein Extra-Taschengeld, der andere dagegen kriegt eine Gardinenpredigt zu hören. Wenn dann beim nächsten Test passiert, was ziemlich wahrscheinlich ist, nämlich: Lars erwischt einen besseren Tag und schreibt eine Drei, Lukas dagegen hat einen schlechteren und landet »nur« bei einer Zwei – so fühlen sich die Eltern prompt bestätigt. Die Strafe hat gewirkt, die Belohnung hätte man sich sparen können!

Drum prüfe, wer wirksam will heilen

Da seelische Durchhänger häufig phasenweise auftreten und nach einer Weile zum Teil wieder vergehen, auch wenn man gar nichts unternimmt (die sogenannte »Spontanremission«), müssen sich Behandlungen in Wirksamkeitsstudien gegen unerwartete Konkurrenz behaupten: Nichtstun. Forscher setzen bei der Beurteilung einer Therapie auf kontrollierte, randomisierte Blindstudien an möglichst vielen Patienten (je größer die Zahl, desto sicherer ist das Ergebnis). Dieser Goldstandard wird in der Praxis allerdings oft verwässert.

»Kontrolliert« bedeutet, dass man eine Gruppe von Behandelten mit einer zweiten vergleicht, die ebenso stark betroffen ist, jedoch unbehandelt bleibt (auch Wartegruppe genannt) – was aus ethischen Gründen nur bei leichteren psychischen Erkrankungen machbar ist. Noch besser ist es, die Behandelten und Unbehandelten mit einer weiteren Fraktion zu vergleichen, die nur zum Schein behandelt wird (die Placebogruppe). Das tut man etwa in Form von freundlichen Gesprächen, die jedoch keinem Therapiekonzept folgen. Schließlich will man ja wissen, ob dieses oder jenes Verfahren einen Unterschied macht zum bloßen Problemebereden. Die Aufteilung der Teilnehmer zu allen Gruppen muss per Zufall (»randomisiert«) erfolgen, damit es nicht zu Verzerrungen der Ergebnisse kommt.

Auch sollte der Versuchsleiter nicht wissen, ob der Betreffende zur Therapie-, Placebo- oder Wartegruppe zählt (der sogenannte Blindtest). Noch besser lässt man die Patienten selbst darüber im Unklaren, ob ihre Therapie im Sinne des Erfinders war – dieser oft schwer realisierbare Fall heißt Doppel-Blindtest.

Ein anderer wichtiger Faktor: Wer führt die Untersuchung durch? Handelt es sich um Anhänger des jeweiligen Verfahrens (was meist der Fall ist, denn eine unabhängige Prüfstelle für Psychotherapiemethoden gibt es nicht), schneidet dieses meist besser ab als aus Sicht unabhängiger Dritter oder gar von Konkurrenten.[9] Auch ein Nachtest (»Follow-up«) beispielsweise ein Jahr nach Therapieende ist angeraten, denn eine anfängliche Besserung muss nicht von Dauer sein.

Therapieforscher wiesen bereits in den 1970er-Jahren auf eine in der Therapieszene beliebte Strategie hin – das Dodo-Verdikt. Wie der gleichnamige Vogel aus »Alice im Wunderland« verkündeten Vertreter verschiedener Schulen: »Jeder hat gewonnen, und alle bekommen einen Preis!« Man solle doch nicht zu kleinlich auf Unterschiede in der Wirksamkeit herumreiten. In den meisten Fällen sei *irgendeine* Therapie immer noch besser als gar keine. Doch natürlich sind verschiedene Verfahren je nach Anwender und Störung durchaus unterschiedlich wirksam – manche sehr gut, andere gar nicht, und einige können sogar eher schaden.[10]

Gefährlich werden Behandlungen vor allem dann, wenn sie zusätzliche Belastungen mit sich bringen, etwa, weil dem Betroffenen suggeriert wird, er sei selbst schuld an seinem Zustand. Wer negativ denkt, und sei es unbewusst, der ziehe Unglück an, behauptet zum Beispiel *The Secret*-Erfinderin Rhonda Byrne. Mit einer abstrusen Theorie über »gedanklichen Magnetismus« untermauert die australische Selfmade-Expertin ihre Idee, man brauche sich nur lange und intensiv genug Geld, Glück und Liebe vorzustellen, und schon würde man damit gesegnet werden. Und falls doch nicht, habe man »insgeheim« offenbar nicht wirklich daran geglaubt. Auch bei manchen Formen der Familienaufstellung oder bei der Festhaltetherapie (siehe

Kapitel 13) ist seelischer Druck bis hin zur Freiheitsberaubung mitunter Bestandteil der Methode. Ein Tipp an alle, die mit einer derartigen Therapie liebäugeln: Lassen Sie sich auf solche Machtspiele gar nicht erst ein!

Um kein Argument verlegen

Viele Wirkungsbelege, die von den Vertretern einer Methode angeführt werden, sind bei näherer Betrachtung wertlos. Nehmen wir zum Beispiel die »Energetische Psychologie«, ein Mix aus fernöstlicher Philosophie und Dampfmaschinenlogik. Ihre Grundidee ist aus der traditionellen chinesischen Medizin (TCM) entlehnt: Energiebahnen, die den Körper durchziehen, können blockiert sein, was sich in einer Reihe psychischer oder körperlicher Symptome wie Unwohlsein und Angst spiegele. Der Weg zur Heilung bestehe darin, diese Blockaden zu lösen. Hierfür empfehlen energetische Psychologen etwa ein denkbar simples Mittel: Klopfen. Wo und wie und ob noch begleitet von sonstigen Ritualen wie dem Aufsagen von Mantren wie »Ich bin vollkommen ruhig und ausgeglichen«, ist von Anbieter zu Anbieter verschieden.

Seit der US-Psychologe Robert Callahan in den 1970er-Jahren die sogenannte »Gedankenfeldtherapie« (TFT, von englisch *Thought Field Therapy*) erfand, sind eine Fülle von Sonderformen daraus entstanden. Von den »*Emotional Freedom Techniques*« bis zur Klopfakupressur – ihre Schöpfer verfolgen jeweils eigene kommerzielle Interessen und wachen mit Argusaugen darüber, dass niemand ohne entsprechende Lizenz die eigene Methode anwendet oder auch nur deren Namen verwendet.

Das Grundkonzept der Energetischen Psychologie ist wissenschaftlich unhaltbar, erscheint vielen Zeitgenossen aber dennoch höchst attraktiv. Von den in teils obskuren Journalen veröffentlichen Arbeiten zum Thema hielten bislang gerade einmal zwei einer näheren Prüfung stand, denn nur sie boten kontrollierte, randomisierte Tests an einer ausreichend großen Zahl von Probanden auf: Eine der Studien wies Effekte bei der Behandlung von Nagetierphobie nach, die andere bei Diätversuchen.[11]

Mysteriöse Energieströme begegnen uns auch in vielen anderen, weniger medizinischen Zusammenhängen. Im Feng-Shui etwa, der Lehre vom »energiestromverträglichen« Möblieren der heimischen vier Wände, oder bei der verbreiteten Angst vor Elektrosmog. Jährlich werden Schutzschilde gegen elektromagnetische Strahlung im Wert von vielen Millionen Euro an den Mann und die Frau gebracht. Auch die PR-Abteilungen dieser Industrie feilen hart an der wissenschaftlichen Beweislage, häufig sogar scheinbar erfolgreich. Eine Studie ungarischer Forscher ergab 2010, dass sich elektrosensible Menschen in der Nähe einer Strahlenquelle deutlich beeinträchtigt fühlen – selbst wenn die Geräte gar nicht eingeschaltet sind. Voraussetzung für den Nocebo-Effekt war allerdings, dass sich Teilnehmer selbst für elektrosensibel hielten. Alle anderen spürten nichts.[12]

Zu viel versprochen

Seriöse Psychotherapie ist kein Hokuspokus. Vielmehr handelt es sich um eine in vielen Fällen dringend benötigte Heilbehandlung mit bestätigter Wirksamkeit. Menschen mit großem Feingefühl und fundierter Ausbildung sind auf diesem Gebiet tätig. Oft lindern sie Patientenbeschwerden wie Depressionen oder Ängste (die häufigsten Seelenleiden), aber auch Sucht, Essstörungen oder Zwänge besser und vor allem nachhaltiger als Medikamente, die lediglich akute Symptome abstellen.

Seelisches Leid tritt auf viele Arten und Weisen in Erscheinung und sollte so gut wie möglich behoben werden. Das Problem: Betroffene Laien können Quacksalberei oft nur schwer von seriöser Therapie unterscheiden. Wer weiß schon genau, wann ein Therapeut tatsächlich zu der im jeweiligen Fall am besten geeigneten Methode greift? Die Klienten können das meist am allerwenigsten beurteilen. Leider gibt es bis heute keine standardmäßigen Evaluationen oder Melderegister für Behandlungsfehler oder Fehlverhalten.

Auch über negative Therapieeffekte gibt es erstaunlich wenig gesicherte Erkenntnisse. Sie schienen lange Zeit schlicht niemanden zu interessieren. Bis vor zehn Jahren waren gerade einmal ein Dutzend Fachartikel zu Risiken und Nebeneffekten von Psychotherapie erschienen. Der Bochumer Therapieforscher Jürgen Margraf kommentierte dieses Forschungsmanko mit der ironischen Bemerkung, Psychotherapie habe demnach entweder gar keine Wirkung oder tue immer nur Gutes.

Mit Reden allein ist es jedenfalls in den seltensten Fällen getan – anders, als es die Legende vom Katharsiseffekt suggeriert. Der ersten Euphorie über den professionellen Beistand folgt bei vielen Klienten die Ernüchterung: Ein Problem anzugehen, statt sich nur darüber auszutauschen, erfordert einen langen Atem. Damit die Therapie etwas bringt, muss der Betroffene selbst aktiv werden, er muss sich mit seinen Ängsten und Schwächen konfrontieren, um neue Lösungswege zu beschreiten. Das kostet mitunter viel Überwindung. Mancher stellt nun auf einmal fest, dass das eigene Kranksein durchaus auch Vorteile hatte – so lässt sich zumindest Rücksichtnahme von anderen einfordern.

Schon Sigmund Freud beschrieb den »Krankheitsgewinn« als Hemmnis in der Therapie. Und auch wenn die jeweilige Seelennot überwunden werde, mache die Behandlung den Betreffenden keineswegs zu einem anderen, rundum zufriedenen Menschen. Sie helfe nur, so der Wiener Seelenkundler, »hysterisches Elend in gemeines Unglück zu verwandeln«.[13]

Kritiker geben zu bedenken, dass sich die einseitige Fokussierung auf Probleme negativ auswirken kann: »Anstatt eine dringend notwendige Kultur der Eigenverantwortung zu fördern, bereiten weite Kreise der Psychotherapie einer Kultur des Haders den Weg: des Haders mit dem Trauma, des Haders mit den bösen Eltern, mit der Kindheit oder mit dem Stress, der von der vermeintlich pervertierten Leistungsgesellschaft ausgeht.«[14] Doch hier müssen wir unterscheiden: Eine handfeste seelische Erkrankung lässt sich mit neuen Anregungen, mehr Bewegung und festen Alltagsritualen kaum beheben – so manche Sinnkrise dagegen schon.

Solche Einwände weist die Therapeutenzunft von sich. So schreibt der ehemalige Präsident der International Federation for Psychotherapy (IFP) Edgar Heim: »Meinungsmacher und Widersacher neigen dazu, anhand bekannter Vorurteile die Psychotherapie zu entwerten: Der Krankheitswert der behandelten Störungen sei fraglich, die Wirksamkeit der Therapien nicht ausreichend, der Zeitaufwand unverhältnismäßig – und überhaupt die Wissenschaftlichkeit der Psychotherapie nicht ausgewiesen. Jedes dieser Vorurteile kann durch die Forschung widerlegt werden.«[15] Das ist richtig – Psychotherapie pauschal abzulehnen wäre absurd. Genauso wenig aber gebührt ihr das Prädikat »tut in jedem Fall gut«! Man muss schon genauer hinschauen, welches Problem wie angegangen werden kann, damit den Betreffenden wirklich geholfen ist.

Manche Psychoexperten gefallen sich in der Rolle der besseren Heilsbringer. Statt auf kostspielige Gerätemedizin und den Rezeptblock (nur Ärzte dürfen Arzneimittel verschreiben) setzen sie auf die Kraft des Wortes. Mit einfühlender Zuwendung eröffne sie neue Einsichten und ermögliche es den Patienten, nachhaltig zu genesen. Dabei wird eines jedoch häufig übersehen: die Gefahr, viel Zeit mit Gerede zu verschwenden.

Schlechte Versorgung

Zum Arzt oder Therapeuten geht man in aller Regel aus eigenem Antrieb (außer etwa Straftäter, denen dies von Gerichts wegen zur Auflage gemacht wird). Doch kein Mensch mit Persönlichkeitsstörung spaziert in eine Praxis und erklärt: »Ich bin ein Genie – können Sie trotzdem mal schauen, ob ich noch richtig ticke?« Viele Depressive versuchen fatalerweise ihre quälenden Selbstzweifel mit sich selbst auszumachen und geraten so immer tiefer in den Strudel aus Grübelei und Selbstvorwürfen. Angstpatienten fürchten sich davor, mit ihrer Störung konfrontiert zu werden, genauer gesagt mit dem jeweiligen Gegenstand ihrer Angst, seien es Spinnen, enge Räume oder das Erröten vor anderen. Und auch Vorbehalte gegenüber einer Therapie oder Furcht vor Stigmatisierung halten vor allem schwerer Betroffene davon ab, Hilfe zu suchen.

Während Menschen, die eigentlich dringend Unterstützung benötigen, somit oft leer ausgehen, tragen empfindsame Geister ihre Alltagssorgen zum Therapeuten und wünschen Abhilfe – oder zumindest interessante Gespräche. Auch die Therapeuten selbst picken sich allzu gerne die Rosinen heraus. Gegenüber dem akuten Psychotiker hat der überbesorgte Selbstfinder für Therapeuten einen großen Vorteil: Er erleichtert ungemein die Arbeit. So finden schwer Betroffene besonders schlecht Hilfe – sie bekommen oftmals monatelang keinen Therapieplatz. Je milder das Problem, desto größer die Chance auf Unterstützung.

So gerät manche Therapie zur Seelenmassage für jene, die lediglich ein offenes Ohr für ihre Sorgen suchen. Das ist legitim – aber nicht Sinn und Zweck einer Heilbehandlung. Die ohnehin dürftige Versorgung wird durch die wachsende Nachfrage der (mehr oder weniger) Normalos zusätzlich verschärft.[16]

So mancher Therapieansatz dient auch gar nicht so sehr dem Wohl von Patienten als vielmehr dem Fortbildungsmarkt. Die Produktion und Weitergabe von immer neuem Therapie- und Beratungs-Know-how ist ein blühender Wirtschaftszweig. So gibt es etwa deutlich mehr Ausbildungsangebote für Konfliktmediation oder Traumatherapie als effektiven Bedarf. Viele Interessierte erwerben das Zertifikat eines Instituts und suchen ein Auskommen darin, das erworbene Wissen selbst wiederum anderen angedeihen zu lassen. Eine umfassende therapeutische Ausbildung in einem anerkannten Verfahren dauert hingegen leicht drei oder mehr Jahre und kostet einen fünfstelligen Betrag. Diesen Aufwand scheut so mancher aus verständlichen Gründen.

Die Ausbildungsstandards für Psychotherapeuten sind allgemein hoch. Gemessen an den Wartezeiten besteht aber nach wie vor eine Unterversorgung mit Psychotherapie. Vom ersten Anruf bis zum Erstgespräch vergehen im Schnitt rund zwölf Wochen.[17] Zum Vergleich: Beim Hausarzt bekommen mehr als 95 Prozent der Patienten innerhalb von drei Wochen einen Termin. Nur etwa jeder Vierte psychisch Kranke bekommt überhaupt Hilfe durch das

Gesundheitssystem. Die restlichen drei Viertel der Betroffenen suchen entweder keine, finden sie nicht oder weichen auf alternative Angebote aus – häufig von zweifelhafter Qualität.

Was tun?

Niemand, dem es schlecht geht, sollte sich scheuen, Hilfe zu suchen – egal, ob der Schmerz körperlicher oder seelischer Natur ist. Dabei ist es ratsam, sich, wenn möglich, zunächst an Menschen zu wenden, die einem nahestehen: den Partner, Verwandte, den besten Freund oder die beste Freundin. Eigene Schwächen einzugestehen fällt uns oft schwer, in der Regel aber vertieft es das Verhältnis zu anderen. Man muss auch nicht immer blendend aufgelegt sein, um gemocht und anerkannt zu werden. Ein verständnisvolles Gegenüber hilft oft, die eigenen Ansprüche und Sorgen zu relativieren.

Ist solche Unterstützung nicht in Sicht oder scheint sich das Problem schon zu sehr verselbstständigt zu haben, bietet sich ein Gespräch mit einen Arzt oder Therapeuten an. Bei der Wahl des Behandlers sollte man auf eine anerkannte, wissenschaftlich fundierte Ausbildung achten. Diese ist nur bei psychologischen und ärztlichen Psychotherapeuten gewährleistet. Vorsicht vor »Heilpraktikern für Psychotherapie«, »psychologischen Beratern« und »Heilern« jeder Art! Erkundigen Sie sich etwa bei Ihrer Krankenkasse oder beim Erstgespräch mit dem Experten nach der für Ihre jeweilige Problemlage geeigneten Therapiemethode, und lassen Sie sich das genaue Vorgehen erklären.

In jedem Fall sollte nach relativ kurzer Zeit allen Beteiligten klar sein, welches Problem auf welchem Weg

gemeinsam angegangen wird. Problembeladene Plauder-
stunden helfen kaum weiter. Und den Sinn des Lebens
findet man beim Therapeuten in aller Regel auch nicht.
Um den Kopf »frei zu kriegen«, bieten sich übrigens eine
Fülle von Alternativen an: Theater spielen, sich ehrenamt-
lich engagieren, in die Natur hinausgehen oder anderes
lustvolles Tun vertreibt dunkle Wolken über dem Gemüt
womöglich eher als die wöchentliche Selbstbefragung.
Einen Versuch ist es wert.

SEELENKUNDE

6

ERFORSCHT UND BEWIESEN?
Die Mythen der Seelenkunde

»Wahrheit ist das Kostbarste,
was wir besitzen.
Gehen wir sparsam mit ihr um.«
Mark Twain

Irgendwann in jener Nacht, als unser Bett zu schwanken begann, war ich wieder eingeschlafen. Ich träumte – was sonst? – von einer Nussschale auf hoher See, in der ich hilflos dahintrieb. Die Ruder waren offenbar über Bord gegangen, und ich pflügte mit bloßen Händen durch die Gischt.

Als ich vom Schaufeln müde ins Boot zurückrutschte, saß dort auf einmal ein Mann. Er kam mir irgendwie merkwürdig vertraut vor, dennoch brauchte ich eine Weile, bis mir einfiel, wer das war. Neben mir saß kein Geringerer als Sigmund Freud!

Ich fragte ihn, was er in meinem Boot verloren hatte; doch kein Wort kam über seine Lippen. Er saß nur stumm da und starrte mich an. Doch dann öffnete Freud den Mund: »Wir dürfen den wissenschaftlichen Boden der Sexualtheorie nicht verlassen!« Sprach's und brach im selben Moment in schallendes Gelächter aus.

Die Wette auf das Unbewusste

Träume sind großes Gefühlskino. Melodramatische Inszenierungen der Angst, Wut, Freude oder Lust. Woher die Szenen stammen, die uns nächtens durch den Kopf geistern, erscheint dabei meist rätselhaft. Außer wenn zum Beispiel das Klingeln des Weckers auf dem Nachttisch als Polizeisirene durch den Traum heult oder Erlebnisse des Tages mehr oder weniger unverblümt darin auftauchen.

In einer Szene in David Cronenburgs Kinofilm »Eine dunkle Begierde«, den ich kurz vor meinem Freud-Traum gesehen hatte, liest der große Seelenkundler seinem (Noch-)Kronprinzen C. G. Jung die Leviten. Jungs esoterische Anwandlungen würden die junge psychoanalytische Bewegung gefährden, erklärt der Wiener Übervater: »Unsere Feinde lauern überall. Deshalb dürfen wir den wissenschaftlichen Boden der Sexualtheorie auf keinen Fall verlassen!« Dieser Satz hatte sich auf geheimen Pfaden in meinen Traum verirrt. Er hatte offenbar tiefen Eindruck auf mich gemacht – kein Wunder, schließlich entbehrte Freuds fixe Idee, hinter allem Wohl und Wehe seiner Patienten ein sexuelles Motiv zu vermuten, selbst jeder wissenschaftlichen Grundlage. Genauso gut hätte sein Alter Ego im Film auch fordern können, man dürfe den festen Boden des Märchens vom Räuber Hotzenplotz nicht verlassen!

Das populäre Bild der Psychologie ist seit Freuds Tagen mit dem Ausdeuten von Träumen und anderen Regungen des Unbewussten verknüpft. Die Vorstellung, unsere nächtlichen Eingebungen verrieten symbolhaft, was uns im Innersten bewegt, ist reizvoll – schon weil man seiner Phantasie beim Heruminterpretieren freien Lauf lassen kann. Mit Fachausdrücken wie Sublimierung, Projektion oder Verdrängung bekommen die eigenen »Entdeckungen« dann noch einen wissenschaftlichen Anstrich – und fertig ist die Psychotheorie, die alles erklärt: von der Angst vor Tunneln bis zur großen Weltpolitik.

Freuds Psychoanalyse ist für viele Menschen bis heute quasi gleichbedeutend mit *der* Seelenkunde.[1] Ihr zufolge stellt die Psyche eine Art Druckkessel dar, in dem primitive Gelüste (allen voran der Sexualtrieb) jenen Dampf erzeugen, der den Seelenapparat am Laufen hält. Das »Ich« ist dabei Schauplatz der großen Reiberei zwischen dem moralischen Gewissen »Über-Ich« und dem nimmersatten Lüstling »Es«. Kann der erzeugte Druck nicht »abgeführt« werden – etwa durch künstlerisches Schaffen –, sind Neurosen die Folge. Um sie zu lindern, empfahl Freud die »Redekur« – ein Begriff, den eine seiner ersten Patientinnen, Bertha Pappenheim, prägte. (Freud selbst bezeichnete seine Methode gerne selbstironisch als »Mohrenwäsche«.) Im Zentrum steht dabei das vom Analytiker geleitete Bewusstmachen innerer Konflikte – daher auch der Ausdruck »Tiefenpsychologie«. Obwohl die dahinterstehenden Annahmen fragwürdig sind und in der modernen Forschung kaum noch eine Rolle spielen, hat sich die Psychoanalyse als Therapiemethode etabliert.[2] Das zeigt: Theorie und Praxis sind in der Psychologie mitunter zwei verschiedene Paar Stiefel.

Das beeindruckende Gedankengebäude, das Freud und seine Nachfolger über Jahrzehnte errichteten und mit allerlei Um- und Anbauten immer wieder modifizierten, ist intellektuell herausfordernd – tatsächlich überprüfen lassen sich viele der darin enthaltenen Annahmen jedoch nicht. Wie will man auch etwas, das im unzugänglichen Teil der Seele rumort, dingfest machen?[3]

Was uns die freudsche Lehre im Großen vorführt, lässt sich auch im Kleinen vielfach besichtigen: Die Seelenkunde strotzt vor Holzwegen und populären Mythen.[4]

Dass etwa die Schädelform eines Menschen Auskunft über seine seelische Veranlagung gebe oder dass Fehlleistungen wie Versprecher und Gedächtnislücken tief in der Psyche verborgene Konflikte verraten – das sind nur zwei Beispiele für Annahmen, die – obwohl längst Schnee von gestern – in der Öffentlichkeit beliebt sind. Doch einmal in die Welt gesetzt, entwickeln sie, auch dank der Psychoindustrie, ein erstaunliches Eigenleben. Sehen wir uns ein paar besonders populäre Abwege einmal genauer an.

IQ-Doping für die Ohren

Vor gut 20 Jahren machten Forscher an der University of California in Irvine ein folgenschweres Experiment. Ein Team um die Psychologin Frances Rauscher bat Versuchspersonen, das eigene Basteltalent zu beweisen: Unter Zeitdruck sollten sie eine Reihe von vorgegebenen Figuren mittels verschiedener Materialen nachbilden. Zuvor jedoch lauschten die Teilnehmer zehn Minuten lang entweder einer Entspannungskassette oder der Sonate für zwei Klaviere in D-Dur (KV 448) von Wolfgang Amadeus Mozart. Die Wissenschaftler wollten wissen, ob die Musik das räumliche Vorstellungsvermögen beeinflusst. Um das zu beurteilen, gab es, wie in jedem ordentlichen Versuch, eine Kontrollgruppe von Probanden, die während der besagten zehn Minuten nichts zu hören bekamen (und die nichts weiter tun sollten, als zu warten, bis die Bastelei losging).

36 Collegestudenten wurden per Zufall auf die drei Gruppen aufgeteilt – und siehe da: Die Mozart-Hörer hatten beim anschließenden Test die Nase vorn! Und zwar nicht bloß ein bisschen. In einem regulären Intelligenztest hätte eine entsprechende Steigerung der »räumlich-konstruktiven Fähigkeiten« ein Plus von sagenhaften 8 bis 9 IQ-

Punkten eingebracht. Zum Vergleich: Jemand mit einem IQ von 100 lässt per Definition exakt die Hälfte seiner Mitmenschen hinter sich – absoluter Durchschnitt also. Mit einem Wert von 109 dagegen zählt man bereits zum schlausten Drittel der Bevölkerung. Nicht auszumalen, was eine 30-minütige Mozart-Hörprobe hätte bewirken können!

Als Rauscher und ihre Kollegen ihre Resultate 1993 im angesehenen Fachjournal *Nature* präsentierten, war der Mozart-Effekt geboren.[5] Der Musikpädagoge Don Campbell griff die Sache auf und landete wenige Jahre später mit seinem gleichnamigen Buch einen Weltbestseller.[6] Passend dazu stellte er eine Auswahl vermeintlich Intelligenz steigernder Mozart-Stücke auf einer CD zusammen, die sich millionenfach verkaufte. Schulen, Sportstadien und U-Bahnhöfe wurden damit beschallt, selbst Betreiber von Kläranlagen hofften, mithilfe der klassischen Musik den Stoffwechsel ihrer Bakterienkulturen zu steigern.[7] Als absoluter Verkaufshit erwiesen sich jedoch Mozart-Hörprogramme für Schwangere. Ein eigens konstruierter Schallverstärker, den sich die Frauen um den Bauch schnallen konnten, ermöglichte angeblich das erste »wissenschaftlich bestätigte Intelligenz-Förderprogramm« für Ungeborene. Etlichen werdenden Eltern machte man in Werbekampagnen weis, ohne das akustische Hirndoping würden sie ihrem Nachwuchs womöglich eine höhere Schullaufbahn verbauen – und damit die Chance auf ein besseres Leben.

Erst nach und nach wurden Zweifel laut. Zwar nehmen ungeborene Babys, wie man heute zeigen kann, spätestens im letzten Drittel der Schwangerschaft akustische Signale aus der Umwelt wahr.[8] Doch dass sich die Intelligenz der Kleinen auf diesem Weg steigern lässt, gilt als extrem unwahrscheinlich.

Rauschers Team meinte den Effekt 1998 gar an Rattenföten nachweisen zu können. Vor und nach der Geburt mit

Mozart beschallte Nagerbabys lernten vermeintlich rascher den Weg durch ein Labyrinth als Vergleichstiere ohne Dauerkonzert. Allerdings können ungeborene Ratten, wie sich später herausstellte, noch überhaupt nichts hören, weil ihr Hörapparat länger braucht, um auszureifen. Und die vereinzelten Belege für verbesserte kognitive Leistungen bei Erwachsenen ließen sich ebenso gut durch eine allgemeine Anregung der Musik erklären – oder damit, dass solche Zufallsfunde umgehend für Aufsehen sorgten, während die Vielzahl der missglückten Wiederholungen unter den Tisch fallen.

Aufstieg und Fall des »Mozart-Effekts« lehrt uns: Wissenschaft und Wunschdenken liegen manchmal näher beieinander, als man glaubt. Oft erweist sich erst im Nachhinein, was auf ein Studienresultat zu geben ist. Und feste Wenn-dann-Beziehungen sind auf seelischem Gebiet ohnehin selten. Psychologie ist vielmehr ein Jonglieren mit Wahrscheinlichkeiten: Hier folgt aus A nie sicher B, sondern unter gewissen Umständen sind gewisse Dinge ein wenig wahrscheinlicher als andere.

Deshalb strotzen Psychoratgeber von watteweichen Möglichkeitsformen. »Ein starkes Selbstbewusstsein *kann* helfen, Niederlagen besser zu meistern.« »Anregungen *können* die geistige Fitness bis ins Alter erhalten.« »Mozart lauschen *kann* die Intelligenz steigern.« Kann sein – muss aber nicht. Zwei Dinge gilt es hierbei im Hinterkopf zu behalten: Vieles, was unter kontrollierten Versuchsbedingungen als statistisch bedeutsamer Effekt erscheint, geht im Rauschen des Alltags unter. Und wie der vermeintliche Mozart-Effekt belegt, passieren auch in den Labors von Seelenkundlern manchmal die unwahrscheinlichsten Dinge (mehr dazu in Kapitel 7). Aus diesem Grund sind viele psychologische Studienresultate schlicht falsch. Wir wissen nur leider nicht genau, welche.

Sieben Holzwege und ein schwarzer Schwan

Das Entkräften irriger psychologischer Annahmen ist eine heikle Angelegenheit. Für alle im Folgenden aufgeführten Mythen lassen sich Belege finden, die die betreffende Annahme zu bestätigen scheinen. Doch so pauschal, wie sie in der Öffentlichkeit verbreitet werden, sind diese Aussagen unsinnig, ja manchmal sogar gefährlich.

Mythos 1: Unterschwellige Werbung beeinflusst unser Handeln. Wenn das keine gruselige Vorstellung ist: Sie sitzen im Kino, und plötzlich überkommt Sie ein unwiderstehliches Verlangen nach Coca-Cola – weil ruchlose Werbeprofis Sie manipuliert haben! Um den Absatz der Brause zu steigern, haben sie blitzlichtartige, nicht bewusst wahrnehmbare Bilder von Colaflaschen in den Kinofilm eingeschleust. Klingt plausibel, oder nicht? Diese Theorie setzte der US-Marketingexperte James Vicary bereits 1957 in die Welt. Mittels nur wenige Millisekunden langer Einblendungen von Slogans wie »Trink Coke« oder »Iss Popcorn« habe er den Konsum der entsprechenden Produkte bei Kinobesuchern erhöhen können, berichtete er. Die vermeintliche Macht unterschwelliger Werbebotschaften war jedoch ein dreister Bluff. Vicarys Daten waren, wie er 1962 bekannte, gefälscht. Und bis heute fanden sich – von Ausnahmen abgesehen, die stets an bestimmte Vorbedingungen geknüpft waren (etwa durstige Probanden) – keine stabilen Belege.[9] Dennoch glauben nach wie vor viele Menschen, mit geheimen Botschaften könne man sie oder andere manipulieren. Doch diese Angst ist unbegründet. Zwar wecken verdeckt präsentierte Reize durchaus unbewusste Assoziationen, zum Getränkeautomaten treibt uns das aber noch lange nicht.

Mythos 2: Traumata müssen durchgearbeitet werden.

Viel hilft viel. Dieses von der Psychobranche allgemein hochgehaltene Motto stiftet bisweilen Unheil. Ein eindrucksvolles Beispiel liefert das *Critical Incident Stress Debriefing* (kurz CISD). Dabei handelt es sich um eine Methode, die schwereren Traumatisierungen von Menschen vorbeugen sollte, welche ein stark belastendes Erlebnis durchgemacht haben. Wer etwa eine Massenkarambolage auf der Autobahn mit ansah oder als Helfer an einen Unglücksort gerufen wurde, leidet danach häufig an Albträumen, Unruhe oder körperlichen Beschwerden. Um Schlimmeres abzuwenden, müsse sich der Betreffende der Sache frühzeitig stellen und das Erlebte bewusst durcharbeiten, so die Grundidee des CISD. Hierzu empfahlen Psychologen teils mehrstündige Nachbesprechungen, in denen das tragische Ereignis aus der eigenen Sicht geschildert sowie Gedanken und Gefühle während oder nach dem Unglück beschrieben werden sollten. Die Prozedur wurde nach einem festen Ablaufschema in vielen »Kriseninterventionen« installiert.

Nach den Anschlägen vom 11. September 2001 unterzogen Experten Tausende von Opfern, Augenzeugen und Helfern einem CISD. Belege dafür, dass es den Betreffenden danach besser ging als Leuten ohne entsprechende Unterstützung, gab es freilich kaum. Wie eine Übersichtsstudie des Psychologen Richard McNally 2003 ergab, blieben die Erfolge nicht nur oft aus – eine beträchtliche Zahl von CISD-Teilnehmern litt auf lange Sicht sogar mehr als Menschen ohne entsprechende Nachsorge.[10] Nicht jede unangenehme Erfahrung muss zwangsläufig traumatisch wirken, und die Betroffenen gehen damit teils sehr verschieden um. Für manche scheint es tatsächlich das Beste, Gras über die Sache wachsen zu lassen, statt in den unguten Erinnerungen zu stochern.

Mythos 3: Je selbstbewusster, desto besser.

Kaum eine menschliche Eigenschaft – abgesehen vielleicht von der Intelligenz – wird so hoch geschätzt wie ein starkes Selbstbewusstsein. Klar, wer hätte nicht gern mehr davon? Selbstbewusste Naturen fühlen sich ganz offensichtlich blendend und blicken optimistisch nach vorn. Doch allzu große Stücke auf sich selbst zu halten erhöht regelmäßig die Gefahr, eine Bruchlandung zu erleiden – etwa, wenn wir vor lauter Selbstüberschätzung die objektiv vorhandenen Schranken ausblenden und frohgemut ins Verderben rennen. Insofern sind nicht übermäßig selbstbewusste Naturen in vielen Fällen des täglichen Lebens gar nicht so schlecht dran.[11]

Mythos 4: Stress macht krank und muss vermieden werden.

»Du, ich bin total im Stress. Kann ich dich später zurückrufen?« Solche Sätze hören und sagen wir beinah täglich. Stress gehört zu den meistbenutzten Psychovokabeln überhaupt. Jeder dritte Deutsche klagt über dauernden Stress im Job. Eine regelrechte Seuche hat uns erfasst: Stress in der Arbeit, Stress in der Partnerschaft, Sozial- und Freizeitstress – sie haben uns fest im Griff. Auch stressige Musik, stressige Nachbarn, stressige Haustiere sind nichts Ungewöhnliches.

Fakt ist: Ohne Stress könnten wir nicht existieren. Wir würden uns zu Tode langweilen. Stress ist das, was uns vom Ist zum Soll bewegt, Stress motiviert und fordert uns – ein Leben ohne Stress ist unvorstellbar. Wenn von Stress die Rede ist, taucht früher oder später der steinzeitliche Säbelzahntiger auf, dessen Anblick den Urmenschen in Schweiß ausbrechen ließ. Damals gab es noch zwei glasklare Optionen, wie man auf Stress reagieren konnte: kämpfen oder flüchten. Für beides bringt der Körper mit Adrenalinschüben, Schweißproduktion oder Herzrasen den Motor auf Touren. Dieses steinzeitliche Programm ist nach wie vor aktiv, weil es die Evolution tief in uns verwurzelt hat. Nur, dass wir es heute statt mit Säbelzahn- bloß mit Papiertigern zu tun haben – Termine, Meetings, Kollegen, die dringend um Rückruf bitten. Ihnen können wir weder leicht entfliehen noch eins auf die Mütze geben.

Die pauschale Behauptung, Stress mache krank, ist so gesehen Unfug. Was man dabei häufig übersieht: Stress ist keine objektiv feststellbare Größe, sondern eine Frage der persönlichen Bewertung! Des einen Stress ist des anderen Spaß.

Mythos 5: Intuitiv klappt's besser
Sie zählt zu den attraktivsten Botschaften der Psychobranche: Vertraue deinem Bauchgefühl! Lass gut sein mit dem lästigen Abwägen des Für und Wider, plage dich nicht länger mit komplizierten Kalkulationen und Prognosen. Das führt eh zu nichts. Alles, was du brauchst, ist ein feines Gespür für die eigene innere Stimme, heißt es weiter. Und wir möchten nur allzu gern daran glauben.

Richtig ist, dass intensives Nachdenken nicht zwangsläufig zu der Weisheit letztem Schluss führt (wie wir bereits in Kapitel 2 gesehen haben). Doch der blinde Glaube an die Überlegenheit der Intuition schießt andererseits übers Ziel hinaus. So schreiben die Psychologen Christopher Chabris und Daniel Simons von der Harvard University: »In der Öffentlichkeit und auch bei manchen Psychologen ist es Mode geworden zu behaupten, dass intuitive Denk- und Entscheidungsmethoden den analytischen überlegen seien. Intuitives Denken geht schneller und leichter – na klar. Und die Vorstellung, dass es auch zutreffender sein könnte, ist verführerisch.«[12] Die Vor- und Nachteile von Bauchentscheidungen halten sich jedoch in etwa die Waage, sie sind nicht besser und nicht schlechter als komplexe Abwägungen – nur anders.[13] Und dann ist da ja noch die nicht unwesentliche Frage, woher wir eigentlich wissen, was das Bauchgefühl sagt? Der Appell zum »intuitiven Entscheiden« hat schon manchen ins Grübeln gestürzt.

Mythos 6: Die linke Hirnhälfte ist rational, die rechte kreativ.
Unter Seelenkundlern geht seit ein paar Jahren die Angst um: Macht die Hirnforschung psychologische Modelle bald überflüssig? Landen viele lieb gewonnene Konzepte der Seelenkunde auf dem Müll, weil sie neurobiologisch keinen Sinn ergeben? Der Beweisdruck für Psychologen ist jedenfalls gewachsen, seit sich ihre Theorien auch an den Vorgängen im Gehirn messen lassen müssen, die man etwa per Scan in der Tomografenröhre bestimmt. Was unsere grauen Zellen beim Lösen verschiedener Aufgaben treiben, kann man heute besser denn je nachzeichnen. So zeigte sich unter anderem: Das Denkorgan arbeitet stets als Ganzes, und zwar selbst dann, wenn wir nichts tun. Der Leerlaufmodus lässt sich nicht abschalten; ruhen tut das Gehirn erst, wenn es tot ist. Es gibt also weder ungenutzte Gehirnkapazitäten noch eine strikte Trennung der »Denkstile« zwischen linker und rechter Hemisphäre. Wir sollten uns davor hüten, die bunten Flecken in den Tomografenbildern mit den Orten des geistigen Geschehens zu verwechseln. Zwar gibt es durchaus Spezialisierungen: Sprache etwa verarbeitet bei den meisten Menschen die linke Hirnhälfte, räumliche Vorstellungen die rechte. Doch im realen Leben (etwa wenn jemand uns ein Bild beschreibt) geht beides Hand in Hand.

Mythos 7: Glück ist berechenbar.
Martin Seligman gilt als Erfinder der Positiven Psychologie. In seinem Weltbestseller »Der Glücksfaktor«[14] pre-

digte er den bedingungslosen Optimismus. Gesundheit und ein langes Leben, Erfolg im Beruf und in der Liebe – alles eine Frage der mentalen Fokussierung. Wer sich darauf »programmiert«, in allem das Gute zu sehen und sich von Rückschlägen nicht herunterziehen zu lassen, komme besser durchs Leben. Wie die Journalistin Barbara Ehrenreich in ihrer Abrechnung mit der »Ideologie des positiven Denkens« beschreibt,[15] nutzte Seligman seine Rolle als Präsident der Amerikanischen Psychologenvereinigung (APA) Ende der 1990er-Jahre geschickt dazu aus, seine Ideen – und die damit verbundenen kommerziellen Interessen – zu lancieren.

Ein häufiges Problem von Glücksstudien: Sie zeigen meist nur statistische Zusammenhänge, die nichts über Ursache und Wirkung verraten. Das gilt zum Beispiel für die berühmte Nonnenstudie, laut der Ordensschwestern, die in jungen Jahren besonders glühende Glaubensbekenntnisse ablegten, im Schnitt älter wurden als solche mit einem eher nüchternen Verhältnis zu Gott. Demgegenüber gibt es eine stattliche Zahl von Arbeiten, die Nachteile einer allzu rosarot gefärbten Brille belegen. Doch laut Ehrenreich werden Daten, die den erhofften Wohltaten der guten Laune widersprechen, von den positiven Psychologen systematisch ignoriert.

Bei einer persönlichen Begegnung mit Seligman sprach sie ihn auf seine Gleichung: G(lück) = V(ererbung) + L(ebensumstände) + W(ille) an. Sie entstand wohl nur zu dem Zweck, mit einer vermeintlichen »Glücksformel« werben zu können. Auf Ehrenreichs Nachfrage, wie man die Fülle der glücksrelevanten Lebensumstände in einem einzigen Faktor L aufaddieren könne, erwiderte Seligman, sie solle doch erst einmal den Begriff »Beta-Gewichtung« googeln, bevor man weiterrede. Statt sich zu erklären, flüchtet sich der Experte in Begriffe, die eine überlegene

Sachkompetenz vortäuschen – ein typisches Manöver. Doch man braucht kein Experte zu sein, um einzusehen: Das Glück des Menschen ist komplizierter als eine simple Additionsaufgabe.

Die Liste der irrigen Glaubenssätze über den Menschen ließe sich schier endlos fortsetzen. Dass früher einmal konsensfähige Annahmen in neuerer Zeit entkräftet wurden, ist auch kein Manko der Forschung – im Gegenteil. Wie der Philosoph Karl Popper argumentierte, besteht genau darin das Wesen der Wissenschaft: Indem sie jede Theorie an der Realität prüft, gelangt sie zu immer besseren Modellen. Dieses sogenannte Falsifikationsprinzip erläuterte Popper an dem viel zitierten Beispiel des schwarzen Schwans: Die Theorie, dass Schwäne stets strahlend weißes Gefieder trügen, wird durch diesen einen Ausreißer bereits widerlegt – prompt ist die schöne Theorie passé und eine bessere muss her. Die Krux der Psychologie besteht darin, dass hier oft kein lupenreines Schwarz und Weiß erkennbar ist, sondern nur viele Schattierungen von Grau.

»Wir haben es in der Psychologie mit einem brisanten Missverhältnis von hoher Relevanz der Fragestellungen und methodischer Schwierigkeit ihrer Beantwortung zu tun«, erklärt der Psychologe Norbert Bischof und gibt ein praktisches Beispiel: »Nehmen wir an, jemand würde die These aufstellen, das gehäufte Auftreten rechtsextremer Gewalt im Gebiet der ehemaligen DDR sei eine Spätfolge familiärer Deprivation im Zuge der dort verbreiteten Krippenbetreuung der Kleinkinder. Man kann sich den Wirbel ausmalen, den eine solche These in Presse und Politik auslösen würde. Legionen von ›Experten‹ würden durcheinanderreden, Meinung stünde gegen Meinung, und nur eines wäre nicht möglich: die Frage objektiv zu entscheiden; denn der Aufwand einer solchen Untersuchung wäre gar nicht zu leisten.«[16]

Laut Bischof kennzeichnen drei typische Vorurteile die Denkweise von Psychologen: Sie würden häufig glauben, eine Erkenntnis sei nur dann gültig, wenn sie erstens dem gemeinhin Angenommenen widerspricht, zweitens unter kontrollierten Laborbedingungen gewonnen wurde und drittens in eine abstrakte Kunstsprache verpackt ist. So werden infrage stehende Modelle häufig durch ad hoc zurechtgelegte Zusatzannahmen gerettet. Für ihre Anhänger ist es allemal besser, die lieb gewonnene, oft über Jahre verfolgte Idee nicht gänzlich aufgeben zu müssen. Lieber hält man sie nur unter dieser oder jener Voraussetzung für gültig. Das hat zur Folge, dass psychologische Theorien mit der Zeit oft durch immer neue Spezifizierungen aufblähen.

Dem akademischen Geplänkel steht andererseits ein großes öffentliches Interesse gegenüber. Bei vielen gesellschaftlich brisanten Debatten drängt sich heute die Frage auf: Was sagt die Psychologie dazu? Ob Krippenbetreuung, Jugendgewalt, Umgang mit Sexualstraftätern, Anreize für umweltbewusstes Verhalten, Überalterung, Folgen von Arbeitslosigkeit und Armut, Ossi- versus Wessi-Mentalität und, und, und. Seelenkundler sind hier mit ihrem fachmännischen Urteil gefragt.

Die einfachen Formeln, die man sich von ihnen erhofft, müssen sie jedoch meist schuldig bleiben – solange sie sich an den empirischen Tatsachen orientieren, die in aller Regel verschiedene Interpretationen zulassen. Sollten Kleinkinder zu Hause betreut werden? Gehören Ego-Shooter-Computerspiele verboten? Dürfen therapierte Pädophile auf freien Fuß gesetzt werden? Zu diesen und vielen anderen Themen haben Forscher sehr facettenreiche und oft widerstreitende Fakten produziert. Nach den

Regeln der »Talkshow-Demokratie« pickt man sich kurzerhand jene heraus, die der eigenen Privatmeinung den Anstrich der Objektivität verleihen. Und schon kommt der nächste Seelenexperte ums Eck und weiß es noch ein bisschen besser.

So ist der größte Mythos überhaupt wohl die Idee, Psychologen könnten tiefer in die menschliche Seele blicken als alle anderen. Die »Experten mit dem Röntgenblick«, so die landläufige Ansicht, werden uns endlich erklären, wer wir wirklich sind und was wir tun sollen. Wer's glaubt, wird selig.

7
DIE STATISTISCHE WÜNSCHELRUTE
Warum Psychologie eine weiche
Wissenschaft ist

»Ich glaube nur der Statistik,
die ich selbst gefälscht habe.«
Winston Churchill zugeschrieben[1]

»Beweise!« So nannten wir ein Spiel, mit dem wir uns früher auf dem Schulhof manchmal die Zeit vertrieben. Es ging so: Ein Mitspieler präsentierte eine möglichst gewagte These, zum Beispiel: »Jungs sind besser in Mathe als Mädchen.« Daraufhin riefen die anderen im Chor »Beweise!«, und der Thesenverfechter musste nun möglichst triftige Gründe dafür liefern, dass an der Sache etwas dran war. »Na, weil ... die Hormone von Frauen, die Östrogene, bewirken, dass weibliche Gehirne nicht so gut mit Zahlen klarkommen wie männliche ...« Es folgten reihum skeptische Nachfragen, bis schließlich jeder sein Votum abgab: Stimmte die Theorie oder stimmte sie nicht? Für jeden Mitspieler, den man auf die falsche Fährt gelockt hatte, gab es am Ende einen Punkt.

Diese pubertären Kreuzverhöre boten nicht nur Gelegenheit, das eigene Flunkertalent unter Beweis zu stellen. Sie lehrten mich auch ein paar nützliche Lektionen fürs Leben: Willst du, dass man dir eine Story abkauft, dann knüpfe bei vermeintlich Bekanntem an – etwa dem Klischee, Mädchen hätten nicht so ein Faible für Zahlen wie

Jungs.[2] Bringe deine These dann so selbstverständlich wie möglich vor und garniere sie mit dem einen oder anderen Fachwort. Vor allem aber: Wiederhole sie so oft, bis du selbst dran glaubst! Wer das beherzigt, bringt selbst die größten Albernheiten ganz überzeugend rüber.

Vor allem Wiederkäuen erweist sich als sehr effektive Methode. So glauben wir vieles überhaupt nur deshalb, weil wir es schon so oft gehört haben: Hirnjogging schützt vor Alzheimer. Optimisten sind erfolgreicher. Selbsterkenntnis ist gut fürs Wohlbefinden. Auch häufiges Herbeten macht solche Thesen nicht richtiger. Sie klingen dann allerdings plausibler.[3]

Die Methode macht den Gegenstand

Von jeher beherrschten konkurrierende Schulen und wechselnde Moden die Psychologie. So mancher, der sich von ihr Antworten auf die große Frage nach dem Wesen des Menschen erhofft, findet sich im Dickicht widerstreitender Lehren wieder. Der Mensch ist in erster Linie ein Produkt seiner Umwelt, sagen die einen. Nein, er ist ein Spielball seiner unbewussten Triebe, erwidern die anderen. Ach was, er strebt von Natur aus nach Sinn und Entfaltung, so die nächsten. Und dass unser Tun und Lassen nicht mehr als das Produkt evolutionär angelegter Hirnprozesse sei, hält neuerdings mancher für ausgemacht. Alle Vertreter unterstreichen dabei die Vorzüge ihres jeweiligen Menschenbilds und geißeln die Kurzschlüsse der anderen.

Nun wäre es völlig falsch, der Psychologie deshalb den Anspruch auf Wissenschaftlichkeit abzusprechen. Unbewiesene Prämissen und Glaubenssätze gibt es in vielen Disziplinen. Psychologen hadern jedoch traditionell besonders mit ihrer »weichen« Wissenschaft, deren Erkenntnisse nicht so schön geradlinig aufeinander aufbauen wie etwa die von Physikern oder Biologen. Auch in den strengen Naturwissenschaften existieren verschiedene Erklärungen oft lange Zeit nebeneinander her. Doch früher oder später erweist sich durch findige Experimente und Beobachtungen meist eine als richtig oder jedenfalls als zweckdienlicher. Nicht so in der Seelenkunde. Hier ist ein klares Richtig oder Falsch selten, denn so gut wie jede Annahme lässt sich halbwegs passabel untermauern.

Ein wichtiger Grund dafür lautet: Die Methode bestimmt über den Gegenstand. Allein schon ein Begriff wie »Gedanke« lässt sich auf vielfältige Weise auslegen – als logische Schlussfolgerung, kreativer Geistesblitz, intuitive Eingebung, als Urteil, Einstellung und so weiter. Je nachdem, wie man die Sache angeht, ob man Probanden etwa Bilder interpretieren lässt, ihre Selbstgespräche protokolliert, Reaktionszeiten im Assoziationstests oder Hirnströme misst, kommt unter Umständen ganz Verschiedenes dabei heraus. Ein Gutteil der Arbeit von Psychologen geht dafür drauf, standardisierte Forschungsmethoden zu ersinnen, die das Privateste, was es gibt, zugänglich machen: das Seelenleben von Menschen.

Was bedeutet es also, wenn Psychologen etwas »wissenschaftlich bewiesen« haben? Und warum liefern viele Studienresultate dennoch nicht das, was wir uns von ihnen versprechen – nämlich taugliche Anleitungen für den Alltag? Um das zu verstehen, müssen wir uns etwas genauer ansehen, nach welchen Grundregeln die Seelenforschung im Labor und außerhalb funktioniert. Ich fasse mich kurz – Ehrenwort!

Forsche Forschung

Das weltweit erste psychologische Institut gründete 1875 der Philosophieprofessor Wilhelm Wundt in Leipzig. So wie er, wollten die meisten frühen Psychologen nicht mehr bloß theoretisch über das menschliche Wahrnehmen, Fühlen und Wollen spekulieren. Um die Seele zu erkunden, griffen sie vielmehr auf technische Hilfsmittel zurück. Sie ließen ihre Versuchspersonen (oft die Forscher oder ihre Assistenten selbst) in tausenderlei Kombinationen Gewichte schätzen oder die Helligkeit von weit entfernt stehenden Kerzen beurteilen, um das subjektive Empfinden mit objektiven Maßen zu beschreiben. Oder sie sondierten die Abfolge ihrer freien Assoziationen oder lernten schier endlos sinnlose Silben auswendig.

Das mag uns heute antiquiert erscheinen, aber die Bausteine des Forschens sind seit knapp anderthalb Jahrhunderten im Wesentlichen dieselben geblieben: messen, vergleichen, schlussfolgern – und wieder messen.

Kernstück ist das Experiment, eine »Frage an die Natur«. Etwa: Kann es sein, dass Männer besser in Mathe sind als Frauen? Die Formulierung »kann es sein, dass ...?« ist hierbei entscheidend, denn ein Experiment dient immer nur dazu, eine Hypothese auf Stichhaltigkeit zu prüfen. Ein für alle Mal beweisen kann es sie nie. So ist jede Wissenschaft letztlich nur der aktuelle Stand des Irrtums.

Nehmen wir also an, wir wollten die Theorie prüfen, dass Frauen mit Formeln und Gleichungen tatsächlich eher auf Kriegsfuß stehen als Männer. Wie können wir herausfinden, ob tatsächlich etwas daran ist? Es genügt dafür jedenfalls nicht, das zu tun, was wir im Alltag alle naslang machen: auf Einzelfälle zu verweisen. »Karl hatte schon in der Grundschule immer eine Eins in Mathe, und jetzt studiert er Informatik an der Uni. Frederike dagegen hasst nichts so sehr wie Rechnen.« Einzelfälle sind die Nägel, mit denen wir unsere Vorurteile zusammenzimmern – wirkliche Gewähr bieten sie natürlich nicht.

Wir brauchen eine größere Stichprobe. Da wir nicht sämtliche Frauen und Männer der Welt auf ihre Rechenkünste hin testen können, müssen wir uns mit einer Auswahl bescheiden. Da wir uns dabei durch puren Zufall immer mal eine paar männliche Mathecracks oder weibliche Zahlenphobiker einhandeln könnten – oder eben umgekehrt –, sind die Resultate zwangsläufig unsicher. Das bedeutet, obwohl die Theorie womöglich stimmt, kann das Ergebnis anders ausfallen; ist die Annahme hingegen falsch, stoßen wir vielleicht trotzdem auf einen vermeintlichen Beleg. Schon hier wird klar: Es dreht sich alles um Wahrscheinlichkeiten. Je kleiner die Zahl der Getesteten, desto eher machen uns einzelne Ausreißer einen Strich durch die Rechnung. Eine Untersuchung an 20 Personen ist folglich viel anfälliger für die Launen des Kollegen Zufall als eine Truppe von 100 oder gar 1000.

Neben der Zahl spielt die Art der Teilnehmer eine wichtige Rolle. Meist greifen Forscher auf die willigsten Opfer zurück, die sie finden können – ihre eigenen Studenten. Der kanadische Psychologe Joseph Henrich beklagte vor einiger Zeit, dass seine Zunft nahezu ausschließlich junge, hoch motivierte und meist aus gebildeten Milieus stammende Collegestudenten – die sogenannten WIERDs – zum Maßstab für jedermann erhebe.[4] Scherzhaft empfahl er, man solle die an einem so speziellen Menschenschlag gewonnenen Erkenntnisse doch besser im (zu gründenden) *Journal of American Undergraduate Psychology Student's Psychology* veröffentlichen – also der »Zeitschrift für die Psychologie von US-Psychologiestudenten in den ersten Semestern«.[5]

Um Verzerrungen zu vermeiden, sollten unsere Testpersonen also möglichst bunt zusammengewürfelt sein. Am besten gewährleistet man das per Los: Man nehme zufällig ausgewählte Frauen und Männer und unterziehe alle einem Standard-Rechentest. Der Rest ist Statistik (die ich uns gerne erspare). Die Auswertung folgt in aller Regel dem Alles-oder-nichts-Prinzip – entweder die beiden untersuchten Gruppen (hier Männlein und Weiblein) unterscheiden sich oder sie unterscheiden sich eben nicht.

Wunder gibt es immer wieder

Als entscheidendes Kriterium gilt hierbei die statistische Signifikanz (Forscherdeutsch für »Bedeutsamkeit«). Psychologen legen meist eine Fehlertoleranz von fünf Prozent zugrunde: Es bleibt also ein Restrisiko von eins zu 20, dass wir einem Irrtum aufsitzen. Anders gesagt: Jedes zwanzigste Resultat ist Murks – per Definition![6] Diese Fehlerquote ist gar nicht mal so klein. Man hätte sie ebenso gut bei 1 zu 50, 1 zu 100 oder zu 1000 festsetzen können. Warum tat man es nicht? Weil Forscher bei ihrer mühsamen Laborarbeit dann viel mehr Nieten ziehen würden! Lieber produziert man etwas mehr fragwürdige Resultate als wenige sichere.

Dabei dürfte die tatsächliche Zahl der falschen Beweise noch weit höher ausfallen. Denn erstens sind Null-Ergebnisse höchst unattraktiv – Studien, bei denen nichts herauskommt, haben folglich weit geringere Chancen, publiziert zu werden. Getrieben vom Veröffentlichungsdruck (im Englischen »publish or perish« genannt – »publiziere oder gehe unter«) stochern Forscher in ihren Daten herum, bis etwas Vorzeigbares herauskommt.[7]

Wie Psychologen um John Simmons von der University

of Pennsylvania gezeigt haben, lassen sich selbst die verrücktesten Annahmen statistisch leicht untermauern.[8] Zum Beispiel: Wer dem Song »When I'm sixty-four« lauscht, wird dadurch erstaunlicherweise jünger! Zum Beweis braucht man nur eine ausreichend *kleine* Stichprobe (in besagtem Fall waren es immerhin 20 Studenten, keine so unübliche Zahl) sowie eine Fülle verschiedener Variablen, die man auf statistische Signifikanz testet. Wie gesagt: Wer lange genug herumrechnet, findet früher oder später einen statistischen Zusammenhang.

Eine simple Vorsichtsregel soll das eigentlich verhindern: Bei mehrfacher Testung gilt ein strengeres Fehlerniveau.[9] Doch wer weiß schon, was tatsächlich alles durchgerechnet wurde? Das erleichtert einerseits das Forscherleben – produziert aber andererseits eine Menge fehlerhafter Daten.

Der amerikanische Hirnforscher Craig Bennett machte 2007 die Probe aufs Exempel. Durch geduldiges Testen ohne den besagten Korrekturmodus stieß er auf Hirnaktivität bei einem ungewöhnlichen Probanden, dem er emotionale Gesichtsausdrücke präsentierte: einem toten Seelachs.[10] Bildgebende Untersuchungen des Gehirns in der Röhre eines Kernspintomografen bieten sich für solche Demonstrationen besonders gut an, da hier Zigtausende von Einzelmessungen parallel laufen. Entsprechend hoch ist der Bedarf an statistischer Bereinigung, sonst empfindet selbst ein toter Fisch auf einmal Mitgefühl.

Vor einigen Jahren legte der Statistiker John Ioannidis plausibel dar, weshalb die Mehrheit der in medizinischen Studien berichteten Ergebnisse vermutlich falsch sei.[11] Fast alle von ihm ins Feld geführten Gründe gelten auch für die Psychologie: zu kleine Stichproben, zu schwache Effekte, zu viel »Herumrechnerei«, zu vage Konzepte, zu viele Moden. Hinzu kommen teils ganz banale finanzielle

Interessen. So legen unabhängige Analysen nahe, dass eine Reihe auf dem Markt erhältlicher Antidepressiva kaum eine dem Placeboeffekt überlegene Wirksamkeit besitzt.[12] Solche Resultate verschwinden jedoch oft in der Schublade der Auftraggeber (meist Pharmakonzerne), während positive Befunde in medizinischen Journalen hochgehalten werden. Auch mancher Psychologe, der ein selbst entworfenes Gedächtnis- oder Anti-Aggressionstraining vermarkten will, wird tunlichst nur auf dessen Erfolge verweisen.

Vereinzelte schwarze Schafe fälschen ihre Daten kurzerhand selbst. Im Sommer 2011 musste der Evolutionspsychologe Marc Hauser wegen Manipulationen in acht wissenschaftlichen Arbeiten seinen Hut als Professor an der renommierten Harvard University nehmen. Ende desselben Jahres flog dann der niederländische Sozialpsychologe Diederik A. Stapel auf. Er hatte Daten von Feldexperimenten manipuliert, die angeblich gezeigt hatten: Unordnung im öffentlichen Raum schürt rassistische Vorurteile. Während eines Streiks der Müllabfuhr befragte Stapels Team beispielsweise Passanten zu ihrer Einstellung gegenüber Muslimen oder Homosexuellen. Inmitten übel riechender Abfälle waren die Ressentiments stärker ausgeprägt als in neutraler Umgebung. Manchmal reichte schon ein kaputtes Fahrrad oder ein schlecht geparktes Auto, damit die Befragten kritischer gegenüber Minderheiten eingestellt waren.[13] Stapels Erklärung: Der Verstoß gegen soziale Normen lasse Menschen nach einem Sündenbock suchen. Gut möglich, dass das sogar stimmt. Doch die Fälschungen haben diese Forschung in Verruf gebracht.

Dass psychologische Studien in größerem Ausmaß getürkt werden, ist allerdings unwahrscheinlich. Schließlich kann man auch ohne verbotene Tricks allerlei Annahmen empirisch untermauern. Ein besonders eindrucksvolles

Beispiel lieferte 2011 der Psychologe Daryl Bem von der Cornell University. Er hatte in einer fünfjährigen Forschungsarbeit schier Unglaubliches zutage gefördert. Zukünftige Ereignisse beeinflussen unser Verhalten im Hier und Jetzt![14]

Auf das Ergebnis kam er wie folgt: In weithin verbreiteten Priming-Versuchen verändert blitzartiges Einblenden von Begriffen die spätere Reaktion von Probanden auf bestimmte Bilder. Blendet man zum Beispiel für wenige Millisekunden das Wort »Hammer« auf einem Bildschirm ein, auf dem kurz danach das Bild eines Nagels erscheint, so wird der Gegenstand im Schnitt schneller erkannt als ohne die Vorbereitung. Bem drehte die Reihenfolge des Tests kurzerhand um. Er ließ Probanden erst per Tastendruck auf Bilder reagieren und präsentierte ihnen anschließend Begriffe unterhalb der Wahrnehmungsschwelle.

Erstaunlicherweise fielen die Reaktionszeiten auch jetzt kürzer aus, wenn das unbewusst wahrgenommene Wort zum Objekt passte. Klarer Fall: Das spätere Ereignis hatte das vorhergehende beeinflusst! Bems »Zurück aus der Zukunft«-Ansatz offenbart eindrucksvoll: Selbst wenn eine Untersuchung nach allen Regeln der Experimentierkunst durchgeführt wurde, kommt trotzdem womöglich (sorry, liebe Zeitreisende!) Unsinn dabei heraus.

Effekthascherei im Labor

Jedes Jahr erscheinen mehr als 100 000 psychologische Forschungsartikel in 2400 Fachjournalen.[15] In dieser Flut kann niemand den Überblick behalten. Ein großer Teil des produzierten Studienwusts wird von der wissenschaftlichen Community selbst kaum zur Kenntnis genommen. Medien hingegen, die vor allem auf Sensationen aus sind, spießen die größten Kuriositäten gerne auf und blicken über methodische Mängel und Einschränkungen großzügig hinweg.

Sollte man die Gewagtheit einer These nicht bei der Bewertung von Studienresultaten berücksichtigen? Dass etwa zwischen den Geschlechtern nicht bloß körperliche, sondern auch psychologische Unterschiede bestehen, liegt irgendwie auf der Hand. Doch wie sieht es aus mit dem Zusammenhang zwischen Haarfarbe und Intelligenz? Oder mit dem zwischen Fingerlänge und Erfolg als Börsenspekulant?[16]

Je überraschender ein möglicher Zusammenhang, desto höher müsste die Hürde für seine Bestätigung statistisch eigentlich angesetzt werden. Schließlich erwarten wir von einer revolutionären Sichtweise mehr Überzeugungskraft als von naheliegenden Vermutungen. Die Mathematik der bedingten Wahrscheinlichkeiten, von dem genialen englischen Reverend Thomas Bayes (1701–1761) schon im 18. Jahrhundert erfunden, könnte theoretisch genau das leisten. Statt eines festen Signifikanzkriteriums werden hierbei (nach ziemlich komplizierten Formeln) wechselnde Kriterien als Maßstab für die Gültigkeit eines Ergebnisses angelegt. In der Praxis durchgesetzt hat sich das allerdings nicht.

Die im Folgenden beschriebenen Arbeiten erschienen in angesehenen Journalen. Ihnen liegen wohl durchdachte, methodisch einwandfreie Experimente zugrunde. Und sie offenbaren allesamt höchst Erstaunliches:

• Beim Tippen einer Telefonnummer auf dem Handy registrieren Menschen unbewusst, welche SMS-Nachricht der Tastenkombination entspricht. Ist sie beleidigenden Inhalts, »gefällt« die Nummer weniger, als wenn sie ein Lob darstellt, berichten Würzburger Psychologen.[17]

- Unsere Initialen beeinflussen, in welcher Stadt wir leben und welchen Beruf wir ergreifen, entdeckten John Jones und Brett Pelham von der State University in New York bei statistischen Analysen. Auch die Vornamen von Liebespartnern beginnen überzufällig oft mit dem gleichen Buchstaben.[18] Der sogenannte Name-Letter-Effect wurde erstmals 1987 von dem Sozialpsychologen Jozef M. Nuttin beschrieben.[19]
- Frauen wirken in ihrer fruchtbaren Phase auf Männer attraktiver. Das ergab eine Untersuchung in einem Tabledance-Club: Forscher glichen die Höhe der Trinkgelder, die die Damen kassierten, mit deren Menstruationszyklen ab.[20]
- Kellner, die die Bestellungen von Gästen nachsprechen, erhalten mehr Trinkgeld (der sogenannte Mimikry-Effekt). Denn wer uns imitiert, erscheint sympathischer.[21] Körpersprache-Trainer empfehlen deshalb oft, die Haltung des Gegenübers zu imitieren.
- Längere Reaktionszeiten verraten unbewusste Vorurteile. Der Implizite Assoziationstest (IAT) sorgt seit seiner Erfindung durch den US-Psychologen Jeff Greenberg 1998 immer wieder für Diskussionen.[22] Bei dem Test geht es darum, möglichst schnell per Tastendruck auf bestimmte Wörter oder Bilder zu reagieren, die zuvor mit bestimmten Begriffen gekoppelt wurden. Erscheint auf einem Bildschirm etwa ein Wort mit deutlich negativer Note (zum Beispiel »Lügner«) und unmittelbar anschließend drückt der Proband beim Anblick einer Person dunkler Hautfarbe einige Millisekunden schneller die entsprechende Taste als beim Erscheinen eines Weißen, so zeuge dies von einer negativen Grundhaltung gegenüber Schwarzen. Auf diese Weise, so Greenberg und seine Kollegen, träten Vorurteile zutage, die eine einfache Befragung nicht offenbaren könnten.

Was lernen wir daraus? Jede Studie ist interpretationsbedürftig – und auf ein Ergebnis allein ist wenig Verlass. Doch weil wir uns ungern mit langatmigen Wenns und Abers aufhalten, gilt eine Untersuchung an zwölf Erstsemesterstudenten genauso viel wie die Quintessenz jahrzehntelanger Schürfarbeit und aus Experimenten an Tausenden Probanden unterschiedlicher Herkunft.

Doch damit nicht genug. Angenommen, unser Test hätte tatsächlich ergeben, dass laut der erhaltenen Daten Geschlecht und Rechenleistung zusammenhängen. Wir würden dann beinahe automatisch glauben, das eine sei Ursache des anderen: Frauen könnten nicht so gut rechnen, *weil* sie Frauen seien. Doch das muss keineswegs stimmen! Vielleicht gibt es womöglich einen ganz anderen, dritten Faktor, der darüber bestimmt – etwa die Erziehung oder die Macht der eigenen Vorurteile. Selbsterfüllende Prophezeiungen sind häufig im Spiel, wenn wir aus vermeintlich objektiven Gründen – etwa weil unser Hirn angeblich anders tickt – zu so mancher Leitung nicht in der Lage sind.

Um ein Studienergebnis bewerten zu können, muss man es in das bereits Bekannte einordnen. Wissenschaft ist insofern immer Teamwork, als eine Untersuchung allein so gut wie nichts aussagt. Erst in der Zusammenschau vieler Arbeiten, wie sie etwa sogenannte Metaanalysen (griechisch »meta« = über) leisten, wird ein Schuh daraus.

Im Übrigen lebt Wissenschaft vom Zweifel. Von originellen Experimenten und anderen Methoden, die überkommene Annahmen widerlegen und den Weg für neue Erklärungen frei machen. Isolierte Einzelergebnisse sind immer mit Vorsicht zu genießen. Denn bei den unzähligen Arbeiten, die Jahr für Jahr rund um den Globus produziert werden, sind immer auch ein paar Zufallstreffer dabei. Diese werden freilich gern publiziert und gehen unter Umständen eher in den Kanon des psychologischen Wissens ein als das Gros derjenigen Studien, die nichts Stichhaltiges ergaben.

Und selbst wenn einige der genannten Phänomene wie zum Beispiel der Mimikry-Effekt durchaus mehrfach empirisch bestätigt werden konnten, bleibt immer noch fraglich, ob sie als Richtschnur für unser Handeln taugen. Es mag durchaus richtig sein, dass Menschen, die uns imitieren, zunächst sympathischer wirken. Ob es jedoch sinnvoll ist, ganz bewusst auf diese Karte zu setzen und dem Gegenüber nachzuplappern oder die gleiche Körperhaltung einzunehmen, steht auf einem anderen Blatt. Viele Effekte erfüllen zwar das statistische Signifikanzkriterium, sind aber dennoch so schwach, dass man besser nicht sein Handeln und Streben danach ausrichten sollte.

Und jetzt?

Dass die Psychologie eine weiche Wissenschaft ist, liegt vor allem an drei Dingen: Erstens wirken unüberschaubar viele Einflüsse auf unsere Psyche. Die Gene, unsere Mitmenschen, die Tagesform, das Wetter, ob wir Brot oder Müsli zum Frühstück hatten, was wir vor einer Minute gedacht oder getan haben oder was wir gleich tun werden ... Das alles berücksichtigen zu wollen ist ein hoffnungsloses Unterfangen. Zweitens – und das folgt aus erstens – sind Ursache und Wirkung hier immer nur lose miteinander verknüpft. Aus A folgt niemals ganz sicher B. Und drittens sind die Begriffe, in denen wir die Psyche beschreiben, konstruiert. Mit allen diesen Fallstricken haben wir im Alltag unsere liebe Mühe. Wir können kaum mehr als einen Faktor auf einmal im Blick halten. Wir ordnen die Welt nach dem Prinzip »A macht B« – egal, wie unrealistisch das auch sein mag. Und wir verwechseln unsere selbst zurechtgelegten Fiktionen mit der Realität.

Eine kleine Notapotheke für den Hausgebrauch schützt vor Ansteckung mit dem Virus der Wissenschaftshörigkeit.

Regel 1: Betrachten Sie jede Theorie als vorläufig!
Nichts wird so heiß gegessen, wie man es kocht – das gilt auch in der Forschung. So manche Theorie, die auf den ersten Blick nicht von der Hand zu weisen scheint, hat sich schon als Luftnummer entpuppt (siehe auch das vorherige Kapitel). Hängen Sie Ihr Herz also besser nicht an irgendwelche Glaubenssätze, mögen sie auch noch so plausibel klingen.

Regel 2: Verwechseln Sie statistische Zusammenhänge nicht mit Ursache und Wirkung!
Die genauen Ursachen einer experimentellen Beobachtung im Labor liegen selten offen zutage. Warum schärft Angst die Sinne? Weshalb finden wir häufig Gesehenes meist schöner als neue Objekte? Solche Befunde führen zu Modellen, die sich ihrerseits an den Fakten bewähren müssen. So kommt es, dass die meisten Experimente mehr Fragen aufwerfen, als sie beantworten.

Regel 3: Verallgemeinern Sie nicht vorschnell Resultate, die an einer speziellen Gruppe gewonnen wurden!
Wir sind Meister im Generalisieren. Doch was für eine Handvoll ausgewählter Probanden zutrifft, muss nicht für alle Welt gelten.

Regel 4: Einzelfall bleibt Einzelfall!
Psychologische Gesetze sind fast nie zwangsläufig. Das macht es so schwierig, sie auf den Einzelnen anzuwenden.

Selbst wenn neun von zehn Frauen schlechter in Mathe wären als ein x-beliebiger Mann – die zehnte Dame ist vielleicht trotzdem ein Zahlengenie.

Regel 5: Sensationen sind die Ausnahme, nicht die Regel!
Nicht-Wissen macht Angst. Deshalb halten wir uns lieber an fragwürdige Annahmen, als unsere Ahnungslosigkeit zu ertragen. Noch besser ist es, wenn wir erfahren, wie sich eine Sache »eigentlich« verhält, wenn wir also neue, überraschende, ja sagenhafte Nachrichten geliefert bekommen. Psychoweisheiten, wie sie die populären Medien allenthalben präsentieren, schenken uns genau dieses Gefühl. Doch das kann trügen.

8

»DAS MUSS ICH ERST VERARBEITEN«
Irrungen der Küchenpsychologie

»Nichts im Leben ist so wichtig, wie Sie denken,
während Sie daran denken.«
Daniel Kahneman

Ich sitze vor einem leeren Blatt Papier, einen grünen Bunt-
stift in der Hand, und versuche, aus meiner Vergangenheit
schlau zu werden. Wie war das noch damals, zu Beginn
des Studiums, als ich zu Hause auszog? Überwog da eher
die Vorfreude auf mein neues, selbstbestimmtes Leben –
oder die dumpfe Ahnung, nun doch endlich erwachsen
werden zu müssen? Den Stift habe ich mir selbst ausge-
sucht. Es gab verschiedene Farben zur Auswahl, die die
eigene Grundstimmung in der betreffenden Zeit wieder-
geben sollten, so der Auftrag der Seminarleiterin. »Grün –
wie die Hoffnung«, war mir in diesem Moment eingefal-
len. Dabei hätte »Alarmstufe Gelb« mein Lebensgefühl als
Zwanzigjähriger vielleicht sogar besser beschrieben. Was
soll's, jetzt war es eben grün.

Christa, die Seminarleiterin, sank nach jeder neuen In-
struktion in ihren Sessel zurück. Die Sache verlangte ihr
offenbar das Letzte ab, im Gegensatz zu uns Teilnehmern.
In Erinnerungen schwelgen, das eigene »Lebensbuch« mit
Fotos und Zeichnungen füllen und Haiku-artige Texte
dazu dichten – das sollte helfen, sich selbst »in seinem Ge-
wordensein wertzuschätzen« und aus dem Gestern neue

Kraft für Morgen zu schöpfen. Doch je länger die Selbsterfahrung dauerte, desto mehr begann ich zu zweifeln, ob dieser Kurs mich persönlich wirklich voranbrachte.

Als Christa schließlich den theoretischen Hintergrund ihres Seminarkonzepts vorstellte, sackte meine Begeisterung in den Keller. Es handelte sich um einen Mix aus Plattitüden (»Der Lebenslauf des Menschen spannt einen Bogen von der Geburt bis zum Tod«) und einer Kurzfassung der anthroposophischen Leiberlehre. Diese beschreibt den Weg des Menschen zu immer höheren Seinsstufen: Während wir bei der Geburt nur mit einem rudimentären »physischen Leib« gesegnet seien, stoße alle sieben Jahren eine neue, wundersame Sphäre hinzu. Im Alter von 7 der pflanzenhafte »Ätherleib«, mit 14 der tierische Astralleib und mit 21 schließlich unsere eigentliche Wesenheit – »Ich-Leib« genannt.

Christa präsentierte uns dieses Zwiebelschalenmodell als den aktuellen Stand der Persönlichkeitsforschung. Wenn man sich die Fülle der pseudowissenschaftlichen Heils- und Welterklärungslehren anschaut, staunt man nicht bloß über so viel blühende Phantasie, sondern vor allem darüber, dass es tatsächlich Menschen gibt, die darin taugliche Erklärungen sehen.

Die heilende Kraft der Edelsteine und durch den Äther flottierende Gedankenströme sind nur extreme Auswüchse dieser Neigung. Auch die weniger phantasievoll ausgeschmückte Alltagspsychologie ist vielfach reine Glaubenssache. Das Bedürfnis nach Halt und Orientierung scheint so viel stärker ausgeprägt zu sein als unser Talent zum Realitätscheck. Möglicherweise zählt der tatsächliche Wahrheitsgehalt aber auch gar nicht so viel wie die »gefühlte Plausibilität«. Oder anders gesagt: Irgendeine Antwort ist besser als gar keine.

Sag, was soll es bedeuten?

Was mich zu unserer alten Freundin Monica bringt – von allen nur Moni genannt. Ich kenne niemanden, der sich auf die Ausdeutung seiner Mitmenschen besser versteht als sie. Wie wir Moni kennengelernt haben, weiß ich nicht mehr. Vermutlich hat sie irgendwer einmal angeschleppt, der sich entweder nichts dabei dachte oder der meinte, es wäre an der Zeit, dass sie sich ein neues Opfer suchte. Moni ist Hobbypsychologin mit Leib und Seele. Man kann ihr nichts erzählen, ohne dass sie einem auseinandersetzt, warum man genau so und nicht anders gehandelt hat.

»Du hast deinen neuen Kollegen *Loser* genannt?«

»Ja, aus Versehen.«

»Wie, aus Versehen? Wie heißt er denn?«

»Luger. Gerd Luger. Ich weiß auch nicht, was mich geritten hat. Wahrscheinlich ist mir sein Name einfach noch nicht so geläufig, er ist ja erst neulich vom Chef ins Team beordert worden.«

»Ach, alles klar. Du hast einen Machtkonflikt mit deinem neuen Kollegen.«

»Was hab ich?«

»Na, du siehst in ihm einen Konkurrenten, der dir deine Position im Team streitig macht. Das passiert vollkommen unbewusst, da kann man gar nichts dafür. Und weil du Angst hast, er könnte in der Hackordnung an dir vorbeiziehen, wertest du ihn ab.«

»Moment mal ...«

»Ja, ich weiß.«

»Was?«

»Das hörst du nicht gerne. Aber das beweist nur, dass etwas dran ist. Sonst hättest du nicht so einen Widerstand dagegen.«

Zielsicher greift Moni in die Mottenkiste der Psycho-klischees. In ihrem Lieblingsgesprächsmodus, der Unterstellung, erklärt sie einem bevorzugt, dass der eigene Verdrängungsmechanismus ganz normal sei (»Niemand lässt gern unangenehme Wahrheiten an sich heran!«) und dass man den Frust besser rauslassen sollte, sonst könne er einen auf die Dauer krank machen. Moni weiß stets, was man *wirklich* denkt, fühlt oder will, warum es einem gerade so geht, wie es einem geht, und wiesoeseinemeigentlich-ganzgutsogehtwieeseinemgeht.

Monis Lieblingsfloskeln sind »verarbeiten«, »ein Stück weit« und »Reaktanz«. Zum Beispiel wie in: »Ich finde, du solltest deine Reaktanz ein Stück weit verarbeiten.«

»Ich will aber nichts verarbeiten – ich sehe die Sache nur eben anders als du.«

»Sag ich doch: Reaktanz.«

Ich weiß nicht, wer Ihre Moni ist. Aber ich bin ziemlich sicher, auch Sie haben so einen Alleserklärer in Ihrem Freundes- oder Bekanntenkreis. Vielleicht sogar mehrere. Die Monis dieser Welt haben sich rasant vermehrt, seit das Psychologisieren zum Volkssport geworden ist.

Denken über das Denken

Jeder tut es: der total aufgeschlossene Informatikstudent, die bildungshungrige Lehrerin und der Verwaltungsbeamte im Ruhestand. Der Hobbyathlet beim Mentaltraining, die Teamleiterin im motivierenden Mitarbeitergespräch und der Kollege, der mit seinem Seelenstriptease dem ganzen Büro auf die Nerven geht. Sie alle sind an der Seelenkunde brennend interessiert. Jeder Mensch ist ein Psychologe, ohne dass er irgendetwas Besonderes dafür tun muss. Denn wir können gar nicht anders, als uns Erklärungen für das Erleben und Verhalten unserer Mitmenschen wie auch unser eigenes zurechtzulegen. Ein wichtiger Baustein dieser Gabe ist die Metakognition – das »Denken über das Denken«.

Der Mensch lebt sozusagen in zwei parallelen Welten gleichzeitig: der realen und einer imaginären. Beide sind in unseren Köpfen so eng miteinander verwoben wie die Fäden in einem Teppich. Das imaginäre Probehandeln, ob im Traum oder in der wachen Phantasie, dient dazu, unser Tun und Lassen zu überdenken und gegebenenfalls in eine andere Richtung zu lenken. Doch wie schon einfache optische Illusionen belegen, sind der mentalen Selbststeuerung oft enge Grenzen gesetzt. Beim Anblick des bekannten Necker-Würfels beispielsweise (siehe unten) sehen wir – ob wir wollen oder nicht – einen Quader von schräg links unten oder von rechts oben. Eine Zeit lang können wir uns zwar auf eine der beiden Sichtweisen konzentrieren, doch früher oder später drängt sich die andere unwillkürlich in den Vordergrund; meist wechseln sich beide alle paar Sekunden ab. Und ganz egal, wie vertraut uns diese Täuschung ist oder wie sehr wir uns klarmachen, dass es sich doch nur um eine zweidimensionale Strichzeichnung handelt – an unserer Wahrnehmung ändert das nichts. Zu tief hat die Evolution das perspektivische Sehen in unserem Gehirn verankert.

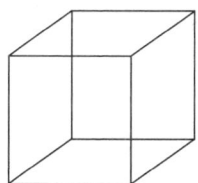

Necker-Würfel

In ähnlicher Weise ziehen wir auch beim Blick auf uns selbst und andere vielfach voreilige Schlüsse. Wir sind darauf gepolt, in allem Tun und Lassen einen Sinn zu sehen, und dieses Bedürfnis nach Gewissheit treibt uns bisweilen in die Hände von Etikettenschwindlern. Ob das Lesen versteckter mimischer Signale, der Körpersprache oder der Charaktertest per Handschriftenanalyse: Die enorme Beliebtheit solcher Psychotechniken zeigt, wie groß das Bedürfnis nach Antworten ist. Beseelt von der Hoffnung, tiefer zu blicken, lassen wir uns allzu bereitwillig hinters Licht führen. Dabei sind die meisten Pseudolehren schon an ihrem Absolutheitsanspruch zu erkennen: »Mindreading – So durchschauen Sie garantiert jeden!« oder »Keine Kompromisse – Self-focussing macht es möglich!«.

Über pseudowissenschaftliches Brimborium den Kopf zu schütteln ist einerseits leicht. Andererseits sollte man den universellen Reiz, der davon ausgeht, nicht unterschätzen. Viele Skeptiker mögen es ihren Mitmenschen nicht nachsehen, dass sie so leichtgläubig sind, und wähnen sich selbst als Teil eines erlauchten Kreises jener, die nicht auf Ammenmärchen hereinfallen. Im Denken der Aufklärungsfanatiker mischt sich kühle Rationalität mit Selbstüberhöhung. Dabei verbirgt sich hinter der vermeintlichen Unvernunft der anderen ein gar nicht so dummer Schachzug: Es spielt für den Einzelnen ja oft keine entscheidende Rolle, ob seine Überzeugungen einer wissenschaftlichen Prüfung standhalten oder nicht – Hauptsache, sie fühlen sich gut an! Es ist bei vielen Fragen des täglichen Lebens äußerst unbefriedigend, nicht zu wissen, woran man ist. Da hält man sich im Zweifel lieber an *irgendeine* Theorie.

Beliebte Typenlehren

Ein typisches Beispiel für diese Sicherheit suggerieren-
den Kurzschlüsse sind die allseits beliebten Typologien.
Die antiken Charaktertypen der Sanguiniker, Choleriker,
Athleten und Leptosomen etwa. Der römische Arzt Gale-
nus hinterließ mit seiner Säftelehre ein handliches Schema,
das unter Gelehrten viele Jahrhunderte lang tonangebend
blieb: Je nachdem, welche der im Körper flottierenden
Humore – schwarze oder gelbe Galle, Blut und Lymphe –
das Übergewicht habe, ergäben sich daraus die jeweiligen
Gemütsneigungen des Menschen.

Die Zeiten, als das für anerkanntes Wissen gehalten
wurde, sind lange vorbei. Doch der Charme griffiger
Typenlehren zieht noch heute. Dass sich Menschen etwa
nach ihren Lernvorlieben einteilen ließen in einen visuel-
len Typ, der sich Zusammenhänge bildhaft veranschau-
licht, um sie zu begreifen, sowie einen verbalen, der lieber
Merksätze auswendig lernt, entbehrt jeder Grundlage.
Auch die Unterscheidung zwischen analytisch und ganzheitlich denkenden Persönlichkeiten ist nicht haltbar. Als
private Überzeugung mögen solche Ideen noch angehen,
gefährlich werden sie allerdings dann, wenn man Kindern,
je nach ihrer vermeintlichen Begabung, eine bestimmte
Lerntechnik verordnet. »Lerntypen sind Humbug«, erklärt
die Psychologin Elsbeth Stern von der ETH Zürich, eine
renommierte Forscherin auf diesem Gebiet.

Die Vertreter der Lerntypenlehre hingegen argumentie-
ren gern mit Verweis auf die »harten Fakten« des Gehirns.
Demnach sind die beiden Hälften des Denkorgans auf
unterschiedliche Aufgaben spezialisiert (das stimmt!), und
je nach Dominanz der einen oder anderen Seite würde sein
Besitzer eher zum logischen oder zum intuitiven Denken

neigen (stimmt nicht!). Überhaupt müssen die kleinen grauen Zellen neuerdings für allerlei populäre Erklärungen herhalten. Neurobiologische Erkenntnisse wie die, dass Lernen auf neuen Verknüpfungen zwischen Nervenzellen im Kopf beruht oder dass Lustempfinden mit der Ausschüttung bestimmter Botenstoffe einhergeht, gehören mittlerweile zur Allgemeinbildung. Der Blick ins Gehirn lässt Phänomene wie Erinnerungen oder Liebe, die wir aus unserer subjektiven Innensicht kennen, verlässlicher erscheinen, weil sie auf einmal eine »reale«, vermeintlich sichere Grundlage haben – eben die der Neurone, Synapsen und Transmitter.

Folglich erklären Hirnforscher heute auch alles, was gesellschaftlich von Belang ist, von der Bildungsmisere über den Stress der Dauererreichbarkeit und die Desorientierung der Jugend bis hin zur Gier der Manager. Dass dies stets etwas mit dem Gehirn zu tun hat (wie jede menschliche Regung), ist richtig. Praktisch folgt aus den Laborweisheiten meist jedoch wenig, was man nicht ohnehin schon wüsste. Und nicht selten werden sogar Mythen daraus gedrechselt, die vermeintlich neurobiologisch belegt seien: etwa, dass Hirnjogging vor Alzheimer schütze, dass wir nur einen Teil unserer Gehirnkapazität nutzen würden oder dass Neuroforscher Gedanken lesen könnten. Offenbar bestimmt das Image einer Wissenschaft sehr darüber mit, welche Bedeutung man ihren Resultaten beimisst.[1]

Sechs Tricks der Seelengurus

Fakten, Zahlen und Messwerte – der Anschein von Wissenschaftlichkeit steht auch in der Psychobranche hoch im Kurs. Um sie vorzutäuschen, setzen ihre Vertreter eine Reihe von Taschenspielertricks ein.

Trick 1: Verschleiere deine Quellen!
Eine viel zitierte Studie von amerikanischen Glücksforschern wird bis heute als Beleg dafür angeführt, dass Zielstrebigkeit den Berufserfolg fördert. Der Haken: Besagte Untersuchung hat nie stattgefunden.[2] Vorsicht ist vor allem dann geboten, wenn Seelenexperten nebulös von »Studien belegen ...« oder »wir wissen heute ...« reden, ohne Quellen zu nennen. Selbst wenn eine Studie dahintersteckt, ist fraglich, was darin genau untersucht wurde und welche Schlüsse sich daraus ergeben. Im Zweifel wird sich schon niemand die Mühe machen, genauer nachzusehen.

Trick 2: Benutze Fakten als Sprungbrett!
Die aus dem Marketing bekannte Fuß-in-der-Tür-Technik besagt: Schaffe mit bekannten Tatsachen Vertrauen. So ähnlich hält es auch so mancher Handelsvertreter der Psychobranche. Das neuste Hirnjogging-Tool oder Kommunikationstraining für Babys wird dann mit dem Hinweis angepriesen, dass unsere grauen Zellen sich ein Leben lang flexibel miteinander verknüpfen, wenn man sie nur genügend anregt, oder dass bereits die ganz Kleinen erstaunlich sensibel auf Gesichter, die eigene Muttersprache oder andere soziale Reize reagieren. Das sagt freilich nichts über den vermeintlichen Nutzen des offerierten Produkts.

Trick 3: Präge eine eigene Nomenklatur!
Niemand hat je eine Verdrängung gesehen. Komplexe trifft man nicht auf der Straße, genauso wenig wie Neurosen oder »gespaltene« Persönlichkeiten. Auch Selbstwirksamkeit, Empathie, kognitive Schemata oder Resilienz sind nichts Naturgegebenes. Es handelt sich vielmehr um begriffliche Krücken – Interpretationshilfen, die uns die Welt und unser Tun und Lassen erklärlich machen. Wer

seine Ausführungen also zusätzlich noch mit manchem Fachwort würzt, wirkt einfach seriöser. So wird aus Lernen »synaptische Plastizität«, aus Trotz »Reaktanz«, aus Mitgefühl das »Feuern der Spiegelneuronen«.

Trick 4: *Verwende einprägsame Bilder und Metaphern!*
Die menschliche Psyche ist im Laufe der Jahrhunderte schon vieles gewesen: göttlicher Hauch, Fluidum, Dampfkessel, Biocomputer mit Speicher- und Verarbeitungseinheit, ein flexibles Netzwerk von »Datenautobahnen«. Bildhafte Vergleiche und Übertragungen auf konkret Fassbares erhöhen die Wahrscheinlichkeit, dass sich ein psychologisches Konzept im Gedächtnis festsetzt: die Work-Life-Balance ist ein schönes Beispiel, aber auch ihr Negativpendant, das Burnout-Syndrom. Der Begriff »ausbrennen« weckt Assoziationen von Feuer und Flamme, die der Betroffene einst war.

Trick 5: *Spekuliere über Unergründbares!*
Schon der große Freud machte daraus ein äußerst erfolgreiches Geschäftsmodell. Das Unbewusste eignet sich bestens als Projektionsfläche für alle möglichen Ideen. Und das Beste daran: Sie lassen sich ganz ungeniert als wissenschaftliche Erkenntnisse verkaufen, schließlich kann einem ja niemand das Gegenteil beweisen.

Und, zu guter Letzt ...

Trick 6: *Sag irgendwas – aber so, als sei es eine unbequeme Wahrheit oder eine bahnbrechende Erkenntnis!*
Will man mit Psychoweisheiten punkten, kommt es nicht zuletzt auf die Verpackung an. Das bedeutet: Nicht allein *was* man behauptet, macht die Musik, sondern auch *wie* man es sagt.

DUMMDEUTSCH MIT SCHUSS
Ausflüge in den Psychojargon

»Die Sprache ist beständig darauf aus,
die Herrschaft über das Denken zu erlangen.«
George Steiner

Wir arbeiten klientenzentriert. Mit unserem lösungsorientierten Ansatz fokussieren wir individuelle Problemlagen, um Klärung herbeizuführen. Wir beginnen gemeinsam einen Prozess, der Ressourcen aktiviert und Veränderungen anstößt. Potenzialentfaltung ist das primäre Ziel unseres wertschätzenden Dialogs. Der angeleitete Perspektivwechsel entwickelt oft eine ganz eigene Dynamik, die positive Energien freisetzt, einen achtsameren Umgang mit sich selbst ermöglicht und neue Sichtweisen auf das eigene Ich eröffnet ...

So oder so ähnlich klingt es, wenn Psychoexperten auf Kundenfang gehen. Ihre Signalwörter sind oft schwer auf eine konkrete Bedeutung festzulegen – was spätestens dann auffällt, wenn man sie in normale Alltagssprache zu übersetzen versucht. Klärung, Prozess, Potenzial, Ressource, Dynamik – im Psychojargon haben diese Begriffe oft vielmehr symbolische Funktion. Sie suggerieren: Da passiert etwas! Da wird bewusst gemacht, entfaltet, freigesetzt (was auch immer). Und obendrein drückt diese Wortwahl Sachkompetenz aus. Wer von Resilienz spricht statt von Widerstandskraft, von Kompetenzen statt von Fähigkeiten und wer Kausalitäten an die Stelle von Ursachen setzt, der muss einfach etwas von der Materie verstehen. In vielen Fällen ist das nichts weiter als Effekthascherei.

Auch die Art, wie der Durchschnittsbürger sich selbst und seine Mitmenschen beschreibt, hat sich unter dem Eindruck dieser Sprechweise deutlich gewandelt: Das Psychovokabular hat mehr und mehr unseren Alltag erobert. Wir verdrängen traumatische Erinnerungen, überwinden Blockaden, bauen Hemmungen ab, sind offen für Erfahrungen, lassen Gefühle zu oder uns auf sie ein, wir wiederholen eingeschliffene Reaktionsmuster, lösen Dissonanz aus, oder auch Resonanz, wir aktivieren kognitive Schemata, üben Bewältigungsstrategien, sind extrovertiert, empathisch, triebgesteuert oder zwanghaft, anal fixiert und so weiter und so fort ...

Die Psychologin Miriam Gebhardt konstatiert: »Die Sprache der Experten ist zur Sprache der Laien geworden, in der Individuen von sich selbst erzählen, ihr eigenes Verhalten deuten, ihre Erfolge und Misserfolge beurteilen, ihrem Leben als Ganzes Bedeutung geben. Die psychologische Sprache steuert die Selbstinterpretation.«[1]

Viele der populären Psychobegriffe haben atemberaubende Karrieren hinter sich, denken wir nur an das Wörtchen »Stress«. Kaum sind sie in die Welt gesetzt worden, verselbstständigen sie sich zuerst in der Forschung, dann in der Ratgeberliteratur und anderen Medien, die das Fachvokabular dankbar aufgreifen und teils mit neuen Bedeutungen versehen. Als modische Psychobegriffe werden sie schließlich unters Volk gestreut und formen maßgeblich das Bild, das wir uns von uns selbst und unserem Leben machen.

Das ist schizophren!

Sandra ist frustriert. Wegen Martin. Dass er so egoistisch sein könnte, hätte sie nicht gedacht. Ihre Gefühle bedeuten ihm offenbar nichts, und das, was zwischen ihnen war, hat sie sich offenbar nur eingebildet. Wahrscheinlich hat sie ihre Gefühle auf Martin projiziert. Und er hat das eiskalt ausgenutzt.

Sie solle nicht hysterisch werden, hatte er ihr an den Kopf geworfen, dabei wollte sie nur etwas thematisieren, das sie belastete. Seine Verschlossenheit, dieses dauernde Schweigen ließ ihre alten Verlustängste wieder aufbrechen – das hatte sie ihm sagen wollen. Aber Martin ließ es nicht an sich heran. Machte einfach dicht. Dass Männer immer so ein Problem damit haben, ihre Gefühle zuzulassen!

Bei Martin war das aber auch kein Wunder, mit dieser Mutter, der er es nie recht machen konnte, egal wie sehr er sich bemühte. Und jetzt wiederholt er das gleiche Muster mit ihr, Sandra, indem er sich einredet, er könne es ihr auch nie recht machen. Das ist doch schizophren!

Nein, schizophren im eigentlichen Sinn ist das natürlich nicht. Wörtlich meint der Begriff ein schweres Seelenleiden, an dem Martin kaum erkrankt sein dürfte. Aber so heißt das heute, wenn etwas absolut nicht so läuft, wie es sollte. Dass immer mehr Kohlendioxid in die Luft geblasen wird trotz Klimawandel – schizophren! Börsenzocker, die Millionen kassieren und ganze Länder in den Ruin treiben – größenwahnsinnig! Die Angst vor der nächsten Virenepidemie – hysterisch!

In Anlehnung an die Wissenschaftssprache drücken wir viele Alltäglichkeiten mit Vorliebe so aus, dass sie cleverer erscheinen – gerade so sehr, dass es nicht zu abgehoben klingt, aber doch hochtrabend genug, um für kompetent erachtet zu werden. Das haben wir uns von der Psycho-branche abgeguckt. Dazu braucht man sich nur in einen x-beliebigen Volkshochschulkurs zu einem psychologischen Thema zu setzen.

Für all diejenigen, die den Jargon beherrschen, hat er vor allem drei Vorteile: Er signalisiert Durchblick, ohne dass man ihn wirklich unter Beweis stellen muss. Er dient als eine Art Geheimcode für Eingeweihte. »Die Selbst-aktualisierung des Subjekts im therapeutischen Setting persistiert in der reziproken Übertragung-Gegenübertragung.« Alles klar? Und das Psychosprech bietet die besten Voraussetzungen dafür, die selbst zurechtgezimmerten Begriffe als unbezweifelbare Tatsachen zu verkaufen. Wofür es so beachtliche Wörter gibt, das muss schließlich Hand und Fuß haben!

Erfolgreiche Psychoausdrücke haben häufig eine über-tragende oder bildhafte Bedeutung. Das macht sie beson-ders einprägsam und steigert ihre Verbreitungschancen. Klingen sie dazu noch irgendwie angesagt angelsächsisch (ob englische Muttersprachler sie nun verstehen oder nicht), so steht einem raschen Aufstieg auf dem Psycho-markt kaum noch etwas im Weg. Die *Work-Life-Balance* ist so ein Tausendsassa, der *Flow*, auch *Brainstorming*, *Mind-Mapping*, *Reframing*, *Messies* – und, natürlich, der Dauer-brenner: *Burnout*.

Selbst unter Forschern, die eigentlich um sprachliche Exaktheit bemüht sein sollten, hat sich teils eine zweifel-hafte Wortwahl eingebürgert. So machen Psychologen beispielsweise laufend »Vorhersagen«. Die vermeintlich seherische Gabe meint allerdings eine rein statistische Prozedur: die Berechnung, wie sehr eine bestimmte Varia-ble in einem Datensatz das Auftreten einer anderen beein-flusst. Von Zukunftsprognosen im herkömmlichen Sinn ist das weit entfernt.

Fachsprache genießt hohes Ansehen. Ihr Hauptzweck besteht darin, Zeit zu sparen. Wie Stenografen bedienen sich Forscher einer verdichteten Sprache, die viele Voraussetzungen und Zusammenhänge enthält, ohne diese explizit zu machen. Ein Begriff wie Signifikanz fasst ganze Bände der Wahrscheinlichkeitsrechnung zusammen. Als Korrelationen bezeichnet man einen statistischen Kennwert, der an gewisse Voraussetzungen geknüpft ist. Solche Begriffe machen es überflüssig, jedes Mal wieder bei Adam und Eva anzufangen. Das verwendete Vokabular muss dafür freilich genau definiert und nachvollziehbar sein.

Das akademische Standing eines Seelenkundlers steigt bedeutend, sobald er eigene Begrifflichkeiten prägt. Seine Jünger käuen diese fleißig wieder und glauben, sie hätten mehr verstanden als psychologisch weniger versierte Menschen. Dabei haben sie womöglich nur gelernt, einen Jargon zu bedienen.

Die Ausdrucksweise der Experten soll den Eindruck von Seriosität verstärken. Viele unmittelbar eingängige Zusammenhänge werden deshalb bewusst verkompliziert: Ein Gespräch wird zur Intervention, ein neuer Blickwinkel zum Reframing, der Glaube an sich selbst zur Selbstwirksamkeit, Erleichterung zur Katharsis.

Das omnipräsente Psychovokabular prägt auch unser Bild vom Ich. Nur weil wir den Begriff »Selbstverwirklichung« kennen, sind wir davon überzeugt, dass tief in uns verborgene Gaben schlummern, die zur Entfaltung gebracht werden sollten. Dies ist nur ein Beispiel von vielen für die menschliche Eigenart, sich von den eigenen Fiktionen derart einnehmen zu lassen, dass sie reale Macht über uns gewinnen: Wirklich ist, was wir dafür halten.

Aus dem gleichen Grund vermied es übrigens die Bundesregierung lange Zeit, das »Engagement« deutscher Soldaten in Afghanistan als Kriegseinsatz zu bezeichnen.

Ähnlich wie Politiker, die meinen, sie hätten die richtigen Antworten, nur seien diese noch nicht beim Volk angekommen, gefallen sich auch Seelengurus in der Rolle der Missverstandenen. Natürlich böten ihre Methoden und Modelle keine Erfolgsgarantie; wer das erwarte, verlange schlicht zu viel. Dabei wecken sie selbst diese Erwartungen, indem sie etwa mit albernen technischen Metaphern (»Neurolinguistisches Programmieren«!) die Machbarkeit des Glücks vortäuschen.

Sprache schafft Realität

Im Russischen gibt es zwei Wörter für blau. Während *goluboj* einen Ton bezeichnet, den wir im Deutschen am ehesten als »himmelblau« kennen, meint *sinij* ein sattes Dunkelblau. Allein die Tatsache, dass Russen über lexikalisch unterschiedliche Begriffe für diese Farbnuancen verfügen, schlägt sich in ihrem Verhalten nieder: Geht es etwa darum, den Unterschied zwischen zwei ähnlichen Blautönen per Tastendruck so schnell wie möglich anzuzeigen, so reagieren Russen dabei im Schnitt schneller als Deutsche oder Amerikaner.[2]

Unsere Muttersprache beeinflusst offensichtlich die Art und Weise, wie wir Reize wahrnehmen und auf sie reagieren. Diese Theorie hatten die US-Forscher Edward Sapir und Benjamin Lee Whorf bereits in den 1950er-Jahren als »linguistisches Relativitätsprinzip« in Umlauf gebracht. Nach Untersuchungen zu Sprache und Denken bei verschiedenen Naturvölkern waren sie zu dem Schluss gekommen: Wofür man keine Worte hat, das lässt sich schwerlich denken.

Die realitätsstiftende Wirkung von Wörtern nutzen auch heutige Therapeuten tagtäglich. Da kommt der Klient mit einem diffusen Unbehagen über den eigenen Platz in der Welt zu ihm und ist prompt beruhigt, wenn er erfährt, es handle sich um eine »akute Belastungsreaktion mit persistierender Selbstabwertung«. Wörter für die eigene Gemütslage zu haben wirkt auf diese zurück: Im günstigen Fall macht es sie leichter erträglich, im ungünstigen verschärft es vorhandene Leiden.

Der Freiburger Sprachwissenschaftler Uwe Pörksen beschrieb bereits vor fast 25 Jahren, wie Plastikwörter unseren Blick auf die Realität versperren. Dies ist also kein neues Phänomen. Zu den »neureichen Neffen der Wissenschaft in der Umgangssprache«[3] zählt Pörksen einst die Begriffe System, Prozess, Entwicklung, Energie, Kommunikation oder Information, die alles und nichts bedeuten. In der Psychobranche begegnen sie uns auch heute noch auf Schritt und Tritt. Meist dienen Plastikwörter ihren Benutzern dazu, eine Aura der Kompetenz zu verbreiten, welche die eigene Ahnungslosigkeit verschleiert.

Unterm Strich bleibt die Erkenntnis: Sprache verhüllt Zusammenhänge ebenso leicht, wie sie sie aufklären kann. So mag das Darüberreden manche Lage auch verkomplizieren und die Zwickmühle, in der man steckt, noch verschärfen. Das Ausdiskutieren von Seelenfragen hat vor allem einen großen Nachteil: Es bedarf der Selbstreflexion – und die schlägt uns gerne mal ein Schnippchen.

Bauanleitung für einen Phrasendrescher

Man sollte Psychophrasen tunlichst nicht zu ernst nehmen. Das bewahrt einen davor, die damit verbundenen Erwartungen an die große Glocke zu hängen – und hinterher enttäuscht zu sein, wenn sich das Ganze doch als Luftnummer erweist.

Das Europäische Übersetzerkollegium in Straelen am Niederrhein erfand einst eine Phrasendreschmaschine bestehend aus drei Pappscheiben, auf die Begriffe gedruckt sind, welche sich durch Drehen der Rädchen zu Bandwurmfloskeln verbinden. Sie können mit den folgenden Wortlisten leicht selbst eine solche nachbauen, indem Sie die Begriffe einfach auf kleine Kärtchen schreiben, ausschneiden und beliebig miteinander kombinieren. Auf Magneten geklebt, wie sie im Handel erhältlich sind, können Sie sich an der Kühlschranktür beim Erfinden der abenteuerlichsten Wortungetüme austoben.

Ergänzen Sie gerne weitere Wörter. Und schon verfügen Sie über Ihre höchst persönliche Phrasendrescherei!

nachhaltig-	dynamische	Selbstaktualisierung
generativ-	systemische	Symptomkonfrontation
positiv-	intuitive	Emotionsfokussierung
integrativ-	lösungsorientierte	Ichtransformation
ganzheitlich-	innovative	Egobalancierung
hypno-	energetische	Bewusstseinssteigerung

SEELENHYPE

10

GUT, BESSER – ICH!
Vom Lockruf des Perfektionismus

»Freedom's just another word
for nothing left to loose.«
Janis Joplin

Das Leben könnte so einfach sein. Würden wir es uns nur nicht selbst so kompliziert machen. Etwa indem wir uns einbilden, wir müssten am laufenden Band brillieren. Warum drängt es uns so danach, immer noch ein bisschen hübscher, klüger, witziger, aufmerksamer oder belastbarer zu sein? Ein merkwürdiger Drang nach Vervollkommnung hat uns ergriffen und lässt uns neidisch nach den anderen schielen. Fürchten wir, von ihnen abgehängt zu werden im großen Wettlauf des Lebens? Sind unsere Mitmenschen wirklich so erpicht darauf, uns auszustechen, dass wir Höchstleistungen erbringen müssen? Oder brauchen wir das Gefühl, ganz vorne mit dabei zu sein, nur um unserer selbst willen?

Fest steht: Niemand ist perfekt. Es gibt immer irgendwen, der mehr weiß und gekonnter parliert als Sie, der geschickter zu Werk geht und dabei – ich bitte um Entschuldigung – auch noch besser aussieht. Das wäre an sich nicht weiter schlimm, könnten wir uns mit dem zufriedengeben, wie wir sind. Doch offenbar stellen Schwächen und Makel heute für viele Menschen eine schwer zu ertragende Bürde dar.

Kein Wunder, werden wir doch auch laufend mit der Nase darauf gestoßen, was angeblich alles nicht geht! Die Figur und der Look müssen stimmen, etwas zu sagen muss man haben, kultivierte Umgangsformen, einen vorzeigbaren Job et cetera pp. Was zählt, ist die »Performance«. Ihren Leistungswillen demonstrieren Millionen Deutsche, indem sie die Strapazen von Marathonläufen auf sich nehmen oder sich im Fitnessstudio stählen. Schneller, höher, weiter! Das olympische Motto verfolgt uns mittlerweile auch auf seelischem Gebiet.

Die Stresskompetenz ausbauen! Länger konzentriert bleiben! Das Zeitmanagement optimieren! Kein Schräubchen, an dem man nicht drehen sollte, um der Konkurrenz die Stirn zu bieten. Selbst Hirndoping per Wachmacherpille oder »Memory-Booster« erscheint als eine verlockende Option. Die kosmetische Psychopharmakologie ist gefragter denn je und gilt vielen Zeitgenossen als legitimer Weg zur Seelenpflege. Doch die große Frage lautet: Bringt uns das alles wirklich weiter – oder bloß um den Verstand?

In den letzten 25 Jahren entstand in den USA ein riesiger Markt für die Lifestyle-Glückspille Prozac. Dieses Antidepressivum zählt neben Viagra zu den erfolgreichsten Medikamenten überhaupt und erwies sich für den Hersteller Eli Lilly, der es seit 1988 vertreibt, als wahre Goldgrube. In Deutschland ist der betreffende Wirkstoff Fluoxetin seit 1990 zugelassen (unter dem Markennamen Fluctin). Er gehört zur Gruppe der Selektiven Serotonin-Wiederaufnahmehemmer (SSRI) und bewirkt, dass der Botenstoff Serotonin an den Nervenzellen im Gehirn in größerer Menge verfügbar bleibt. Die Folge: eine gehobene Stimmungslage.

Mit über einer Milliarde definierten Tagesdosen (kurz: DDD von *Defined Daily Dose*) stehen Antidepressiva auch hierzulande weit oben auf der Liste der meistverschriebenen Psychopharmaka: Innerhalb von knapp zehn Jahren hat sich die Menge der in Deutschland verordneten Glückspillen mehr als verdoppelt (von 419 Millionen auf 1058 Millionen DDD).[1] Laut dem TK-Gesundheitsreport stieg der Verbrauch allein seit 2006 um ein Drittel. Dieser Boom übersteigt noch deutlich die Zunahme depressiver Erkrankungen; die Mittel dienen also vermutlich nicht nur therapeutischen Zwecken. Auch Gesunde greifen immer häufiger zu Pillen, um sich besser zu fühlen.

Die Ironie daran: Laut Studien besitzen viele Präparate – etwa die besagten SSRI wie Prozac und Co. – bei milderen Verstimmungen keine medizinisch belegte Wirksamkeit.[2] Doch es wäre nicht das erste Mal, dass der bloße Glaube an ihre Wohltaten der Psychoindustrie in die Hände spielt.

Fehler sind Freunde

Perfektionsstreben hat zwei Seiten, eine gute und eine schlechte. Die gute lässt Menschen über sich hinauswachsen und großartige Dinge vollbringen, ob in der Kunst, im Sport, in der Wirtschaft oder Wissenschaft; die schlechte hingegen macht Angst – Angst zu versagen. Sie gedeiht vor allem dort, wo der Antrieb nicht aus einem selbst heraus kommt, sondern von außen auferlegt wird. Und wo es an Gelassenheit fehlt, ein mögliches Scheitern nicht gleich als Katastrophe zu betrachten. »Wird schon schiefgehen!« Dieser Satz drückt eine Haltung aus, die wir heute dringender benötigen denn je – eine Art selbstironische Zuversicht, die wir dem besorgten »Jetzt bloß nichts falsch machen!« entgegensetzen können. Denn wer sich zu sehr vor Fehlern fürchtet, produziert damit letztlich Nervosität und Stillstand. Dabei sind Fehler unsere Freunde; ohne sie wären wir nichts.

Zu irren liegt in der Natur des Menschen, und zwar auf viel grundlegendere Weise, als wir gemeinhin glauben. Der britische Neuropsychologe Chris Frith vom University College in London schildert in seinem Buch »Wie unser Gehirn die Welt erschafft« sehr eindrücklich, wie sehr wir darauf angewiesen sind, Fehler zu machen.[3] Denn unser Gehirn arbeitet auf allen Ebenen – von der Sinneswahrnehmung bis zur Einfühlung in andere – nach einem ebenso simplen wie genialen Prinzip: Mache Fehler und lerne daraus!

Würden wir im ersten Anlauf nicht immer ein bisschen danebenliegen, könnten wir weder Bewegungen noch Sprachen lernen, nach einer Tasse zu greifen wäre genauso unmöglich, wie einen Ball zu fangen oder die Welt um uns herum als geschlossene Einheit wahrzunehmen. Das Gehirn spult keine fertigen, etwa genetisch festgelegten Programme ab, sondern justiert bei allem, was es tut, ständig nach. Tun Sie ihm also den Gefallen und machen Sie ruhig auch mal Fehler! Oder setzen Sie sich wenigstens nicht künstlich unter Druck, immer alles richtig machen zu müssen.

Wann haben Sie persönlich sich das letzte Mal auf unbekanntes Terrain vorgewagt und zum Beispiel ein Instrument oder eine neue Sprache oder Sportart lernen wollen? Wann haben Sie etwas ausprobiert, das Sie vor ungewohnte Herausforderungen stellte? Beschlich Sie dabei das Gefühl, Sie sollen es lieber bleiben lassen? Haben Sie gedacht: Mach dich nicht lächerlich, das können andere viel besser! Das ist der Fluch des Perfektionismus. Statt sich am eigenen Tun zu erfreuen, egal wie amateurhaft es auch sein mag, probieren wir oft lieber nichts, um ja nicht dumm dazustehen.

Das Fundament dafür wird oft schon in der Kindheit gelegt. Eltern, die Liebe und Anerkennung nur im Gegenzug für besondere Leistungen gewähren, impfen dem Nachwuchs solche Bedenken regelrecht ein. Das begünstigt Ängste und Depressionen, aber auch Essstörungen bei den Heranwachsenden.

Hinzu kommt, dass uns im Alltag oft die Anschauungsbeispiele für nützliches Irren fehlen. Zum Überleben in der modernen Informationsgesellschaft brauchen wir viel mehr abstraktes Faktenwissen als praktisches Können. Der wesentliche Unterschied zwischen beiden liegt in der Unmittelbarkeit des Erlebens: Haben Sie schon einmal eine Kuh gemolken? Im Freien ohne Hilfsmittel ein Feuer entzündet? Ein klapperiges, altes Mofa wieder zum Laufen gebracht? Anfangs kommen nur klägliche Milchtropfen zum Vorschein, man reibt sich an den Hölzern die Finger wund oder verteilt Schmieröl auf der Kleidung. Doch je länger man herumprobiert und immer wieder scheitert, desto mehr nähert man sich dem Moment ... – wow, was für ein Erfolgserlebnis!

Derartige Erfahrungen besitzen erstaunliche Kraft. Sie lösen einen Glücksrausch im Kopf aus und graben sich ins Gedächtnis ein. Fehlen solche beglückenden Momente, bekommt man auch keine rechte Vorstellung davon, dass Fehler nichts Schlimmes sind – sondern der Anfang von Neuem. Dafür scheint in unserer auf Effizienz gepolten Zeit jedoch immer weniger Platz zu sein. So beraubt uns der Anspruch, eine Sache entweder auf Anhieb oder besser gar nicht beherrschen zu wollen, ganz besonderer Augenblicke.

Die Pi-mal-Daumen-Regel

Eine Quelle menschlichen Unglücks liegt in dem Bedürfnis nach abschließenden Antworten. Der Psychologe Philip Tetlock von der University of California in Berkeley machte hierzu vor vielen Jahren eine Beobachtung, die einen wunden Punkt unseres Denkens berührt, nämlich den Umgang mit Unsicherheit.[4] Eine Gruppe von Studenten der Eliteuniversität Yale trat dabei gegen einen vermeintlich hoffnungslos unterlegenen Konkurrenten an – eine gemeine Laborratte. Das Versuchstier wurde viele Male hintereinander in ein Labyrinth mit zwei getrennten Gängen gesetzt; in nur einem davon erwartete es eine Belohnung. Doch mal war das Futter links, mal rechts zu finden – mehr oder weniger zufällig verteilt, mit einem leichten Vorteil für die rechte Seite. Das hatte der findige Nager bald heraus und begann fast nur noch in diesem Gang zu suchen. Die Erfolgsquote betrug somit unterm Strich gut 60 Prozent.

Als nun die Studenten tippen sollten, wo sich die Belohnung jeweils verbarg, begingen sie einen entscheidenden Fehler: Sie suchten nach einem Muster! Zweimal rechts, dann links, dann wieder zweimal rechts? Oder vergingen immer drei Durchgänge, bis sich rechts wiederholte? Die Nachwuchselite legte sich allerlei Erklärungen zurecht, die jedoch rein gar nichts erklärten – und landete bei einer Trefferchance von kaum mehr als 50 Prozent. Zufallsniveau! Die Ratte hatte in dem ungleichen Rennen also die Nase vorn.

In späteren Studien, in denen Tetlock Hunderte von Experten aus Politik, Wirtschaft und Wissenschaft zu ihren Zukunftsprognosen befragte und mit dem realen Gang der Ereignisse vergleich, erkannte der Forscher: Selbst die

Vorhersagen der größten Koryphäen waren häufig miserabel. Wie war das möglich? Angesichts der Vielzahl der Experten konnte es kaum an mangelnder Sachkenntnis liegen. Half all das Experten-Know-how möglicherweise gar nicht weiter? Wann genau ein politisches Regime kollabiert, wann ein Wirtschaftssystem crasht oder ein wissenschaftlicher Durchbruch gelingt, hängt von zahlreichen unkalkulierbaren Faktoren ab. Mit einem Wort: vom Zufall.

Solche Unwägbarkeiten hinzunehmen und die eigene Unkenntnis zu akzeptieren fällt den meisten Menschen allerdings extrem schwer. Und so produzieren sie eine Menge theoretische Rauchschwaden, die das wenige, das man vielleicht erkennen könnte, noch vernebeln.

Und dies hat wiederum viel mit der Arbeitsweise des Gehirns zu tun. Unser Denkorgan funktioniert entgegen der landläufigen Meinung ganz anders als ein Computer, der nach genau definierten Rechenschritten ein Problem entweder löst oder daran scheitert. Das Gehirn hat vielmehr für alles und jedes eine Lösung, wenn auch eine schlampige! Es wendet ungefähre Daumenregeln an, sogenannte Heuristiken, die lediglich eine grobe Annäherung an das richtige Ergebnis erlauben. Das bedeutet: Der Schlendrian ist uns von Natur aus eingebaut. Nicht exakte Berechnung und Abbildung der Realität sind das Ziel, sondern mit überschaubarem Aufwand das wahrscheinlich Beste tun. Das Gehirn ist ein Meister im Durchwursteln.

Nehmen wir das folgende einfache Beispiel: Angenommen, jemand würde Sie fragen, wie die Hauptstadt Australiens heißt – Sydney oder Canberra? Vorausgesetzt, Sie wissen die Antwort nicht, liegt Ihnen dennoch vermutlich Ersteres auf der Zunge. Denn gemäß der sogenannten Verfügbarkeitsheuristik gewichten wir öfter schon Gehörtes (wie »Sydney«) höher als Unbekanntes. Damit treffen wir zwar längst nicht immer ins Schwarze – aber oft (auch wenn in diesem Fall ausnahmsweise »Canberra« richtig ist).

Was das mit unserem Thema zu tun hat? Nun, derlei grobe Richtschnüre sind der Stoff, aus dem unser Denken ist, nicht die Suche nach letzten Gewissheiten. An den selbst zurechtgelegten Erklärungsmustern zu kleben – wie die klugen Studenten der Yale University – führt regelmäßig in die Irre. Das gilt genauso für die Suche nach dem Ich. Statt es ein für alle Mal zu fassen zu kriegen, wie uns die Psychoindustrie verspricht, stellen wir nur immer neue Mutmaßungen über unser Innerstes an. Wir würden jedoch besser fahren, täten wir das, was wir am besten können: nach der Pi-mal-Daumen-Regel verfahren und auch mal fünf gerade sein lassen.

Das Selbstbild von Menschen hat im Schnitt eine deutliche Schlagseite zum Positiven: Wir halten uns eben gern für klüger, kompetenter und moralisch gefestigter, als wir es den meisten anderen zugestehen. Obwohl es kaum jemand zugibt – man will schließlich nicht arrogant erscheinen –, der Hang zur Selbstüberhöhung lässt sich nicht leugnen. Wenn etwas schiefläuft, waren die Umstände schuld; Erfolge dagegen haben wir uns selbst verdient. Dieses vorsorgliche Wegschieben des Schwarzen Peters bezeichnen Forscher als »fundamentalen Attributionsfehler« (wieder so ein bedeutungsschwangeres Fachwort: Attribution heißt schlicht Zuschreibung). Dieser Zug unseres Denkens mag oft an der Realität vorbeiführen, doch er hilft, frohgemut durchs Leben zu kommen. Und ist das am Ende nicht mehr wert, als mal wieder alles perfekt gemacht zu haben?

Wir können auch anders

Wie lässt sich der Perfektionismusfalle entkommen? Vorschlag: Holen Sie einmal tief Luft, schließen Sie die Augen und stellen Sie sich vor, ihr schlimmster Albtraum würde wahr. Irgendeine total wichtige Angelegenheit ginge in die Hose – das Blind-Date, die Hochzeitsansprache oder das Meeting. Was genau wäre daran so furchtbar? Versetzen Sie sich in die betreffende Lage und stellen Sie sich vor, wie es danach wohl weiterginge. Sehen Sie: Es geht immer irgendwie weiter! Einzusehen, dass nicht alles perfekt laufen muss und dass man über die eigene Geschäftigkeit auch mal lachen darf, ist heute wertvoller denn je.

Wie gesagt: Es geht nicht darum, jedes Unbehagen wegzuschieben und stoisch zu ertragen. Doch das Sich-darauf-Konzentrieren ist auch nicht unbedingt der richtige Weg. Statt sich in die Nöte am Arbeitsplatz oder im Privaten zu vertiefen, lohnt sich der Versuch, sie neu zu bewerten. Das Gefühl der Kontrolle ist dabei sehr wichtig. Was wir beeinflussen und steuern können, macht uns weniger Angst als Ausgeliefertsein. Es kommt auch gar nicht so sehr auf das reale Tun an, sondern nur auf die *Möglichkeit*: Wer sich glaubhaft versichert, »Ich könnte das Handy auch jederzeit ausschalten!«, dem bereitet es weniger Kopfschmerzen es anzulassen.

Wer aus Überdruss an der 110-Prozent-Gesellschaft einen Gang herunterschalten will, braucht deshalb nicht gleich jeden Ehrgeiz dranzugeben. Ambitionen sind gut, solange sie uns nicht die Luft zum Atmen rauben. Bei aller Zielstrebigkeit, die je nach Temperament ganz verschieden ausfällt, sollte man sich ein Hintertürchen offen halten: die Möglichkeit, sich notfalls zu bescheiden. Schon das Gefühl wirkt befreiend!

Nehmen wir uns die Freiheit, auch mal die Zügel schleifen zu lassen. So erkennen die meisten rasch, dass die Angst zu versagen dem Fernriesen aus der Augsburger Puppenkiste gleicht: Je weiter er weg ist, desto bedrohlicher erscheint er.

Hier ein paar Vorschläge, wie Sie dem Optimierungszwang den Zahn ziehen.

Lockermachen 1: Keine Angst vorm Mittelmaß

Lassen Sie sich von den Blendern und Schaumschlägern nicht beeindrucken; die kochen auch nur mit Wasser. Mittelmaß heißt Mittelmaß, weil es »der Mitte Maß« ist, also der Normalfall. Statt sein Glück von persönlichen Höchstleistungen abhängig zu machen, sollten wir uns darüber klar werden, dass »in Ordnung« meist schon gut genug ist.

Lockermachen 2: Reinhängen statt rausreden

Gehen Sie trotz allem beherzt und engagiert eine Aufgabe an, die Ihnen am Herzen liegt, ohne es damit gleich bis zur Selbstaufgabe zu treiben. Die Chance zu scheitern sollte Sie nicht davon abhalten, Neues zu versuchen. Vielleicht sind Sie ja zu Dingen fähig, die Sie sich nie hätten träumen lassen.

Lockermachen 3: Schwächen akzeptieren

Eigene Unzulänglichkeiten einzuräumen macht sympathisch – wer mag schon Klugscheißer und Tausendsassa?[5] Allerdings: Seine Schwächen herauszukehren, ist auch nicht so besonders sexy. Beschäftigen Sie sich nicht andauernd mit sich selbst – egal was Ihnen dabei hilft. Die bewährtesten Mittel sind ganz einfache Dinge: Ein Waldspaziergang, ein spannender Krimi, die Lieblings-CD. Zum Abschalten braucht es meist nicht viel.

Lockermachen 4: Trick 17 mit Selbstansage
Und wenn Sie etwas an sich entdecken, das Ihnen partout gegen den Strich geht, schreiben Sie es auf einen Zettel, falten Sie ihn zusammen und stecken Sie ihn irgendwohin. Fällt er Ihnen eines Tages wieder in die Hände, werden Sie über so viel Melodramatik bestimmt staunen.

11

DAS VERMESSENE SELBST
Was Psychotests mit Wahrsagerei gemeinsam haben

»Ich ist ein Anderer.«
Arthur Rimbaud

Testfrage: Wie gut trifft die folgende Beschreibung auf Sie persönlich zu? Vergeben Sie bitte eine Note zwischen 0 (»trifft überhaupt nicht zu«) und 5 (»trifft vollkommen zu«)!

»Sie brauchen die Zuneigung und Bewunderung anderer, neigen aber zur Selbstkritik. So manche Ihrer Fähigkeiten nutzen Sie nicht zu Ihrem Vorteil, Ihre Schwächen können Sie im Allgemeinen gut kompensieren. Äußerlich diszipliniert und kontrolliert, zweifeln Sie mitunter an sich selbst. Sie brauchen ein gewisses Maß an Abwechslung und sind unzufrieden, wenn Sie darin eingeschränkt werden. Sie sind stolz auf Ihr unabhängiges Denken und nehmen das, was andere sagen, nicht einfach für bare Münze. Sie halten es für unklug, allzu freimütig von sich zu erzählen. Manchmal sind Sie extrovertiert und aufgeschlossen, manchmal auch eher missmutig und zurückhaltend. Ihre Wünsche erscheinen mitunter unrealistisch.«

Und, erkennen Sie sich darin wieder? Kunststück, die Angaben sind ganz bewusst ein Mix aus Vagheiten und solchen Beschreibungen, die auf so gut wie jeden zutreffen. Der Psychologe Bertram Forer legte die Statements vor mehr als einem halben Jahrhundert Probanden in seinem Labor in Los Angeles vor. Dabei tat er so, als handle sich um die Auswertung eines hoch wissenschaftlichen Persönlichkeitsfragebogens, den die Betreffenden zuvor ausgefüllt hatten.[1] Die Charakterskizze stieß bei den allermeisten Teilnehmern auf große Zustimmung. Auf einer Skala von 0 bis 5 lagen die Bewertungen im Schnitt bei 4,3. Die Ironie an der Sache: Alle hatten *denselben* Text erhalten! Forer hatte ihn einfach aus Zeitungshoroskopen zusammenkopiert.

Genau deshalb scheint dieses Genre regelmäßig ins Schwarze zu treffen: Wir picken uns automatisch diejenigen Informationen aus dem Sammelsurium von Ungefährem heraus, in denen wir uns und die eigene Situationen am ehesten wiedererkennen. Psychologen ist dieses Phänomen inzwischen als Forer-Effekt geläufig.

Auf demselben Prinzip beruht die Beliebtheit jener Armada von Selbsttests, die uns in Ratgebern, Zeitschriften und im Internet begegnet. Für jeden Geschmack ist etwas dabei, sodass niemand leer ausgehen muss. Schließlich gibt es nichts Frustrierenderes als einen Test, der die Geheimnisse des Ichs zu lüften verspricht – und dann hat die Auswertung so gar nichts mit einem selbst zu tun! Oder wofür man sich eben hält.

Wunsch und Wirklichkeit

Die Probleme beginnen allerdings schon früher – bei den Testfragen. Sie sind häufig leicht zu durchschauen. Was wäre etwa von einem Fragebogen zum Thema »Wie selbstverliebt bin ich?« zu halten, bei dem man angeben soll, wie sehr der Satz »Ich kontrolliere mein Äußeres regelmäßig im Spiegel« auf einen zutrifft? Da braucht man nicht lange zu rätseln, wo das Kreuz hingehört, will man sich ins rechte Licht rücken. Und dahinter steckt oft nicht einmal eine bewusste Absicht zu täuschen. Die meisten Menschen neigen ganz spontan dazu, sich eher so darzustellen, wie sie gerne wären, und nicht, wie sie sind.

Die Manipulierbarkeit von Fragebogen zu Persönlichkeitseigenschaften ist ein typisches Problem der Psychometrie. Solche Verfahren fragen zunächst einmal das ab, was der Testkandidat über sich denkt – und das muss nicht zwangsläufig viel mit dem zu tun haben, wie er im realen Leben ist. »Ich komme gut mit anderen aus – auch wenn sie anderer Meinung sind als ich.« Wer würde das nicht spontan bejahen? Ob dem tatsächlich so ist, könnten Freunde oder Kollegen allerdings oft besser beurteilen, wenn auch wiederum nur aus ihrem eingeschränkten Blickwinkel.

Die Wunsch- und Idealbilder, von denen wir uns beim Beantworten von Psychotests womöglich leiten lassen, sind manchmal schwer auszumachen. Forscher versuchen, das Problem abzumildern, indem sie etwa nach Antwortmustern suchen, die auf eine systematische Verzerrung hindeuten. Das Ausmaß der sozialen Erwünschtheit bestimmen sie mit Tricks wie etwa kategorischen Aussagen (»Ich lüge nie!«), die niemand ernsthaft bejahen kann. Tut man es doch, liefert das einen Hinweis darauf, wie sehr derjenige seine Antworten an moralischen oder gesellschaftlichen Wertmaßstäben ausrichtet.

Populäre Selbsttests in Zeitschriften oder im Internet blenden diese allzu menschliche Tendenz in aller Regel aus. Es würde die Sache nur unnötig verkomplizieren. Das ist einer der wichtigsten Unterschiede zwischen solide konstruierten Fragebogen und den pseudowissenschaftlichen Spielereien, die uns die Psychobranche serviert.

Die Popularität der Psychotests basiert nicht zuletzt auf dem Nervenkitzel, man könne mit ihrer Hilfe zu ungeahnten Wahrheiten über sich selbst gelangen. Umso enttäuschter war ich über die Auswertung meiner Angaben im NEO-FFI – einem Standardverfahren zur Ermessung der fünf Hauptdimensionen der menschlichen Persönlichkeit.[2]

Der Test bescheinigte mir in jeder Hinsicht durchschnittliche Werte. Ich sei weder besonders intro- noch extrovertiert, nicht übermäßig erfahrungshungrig, aber auch kein Traditionalist, weder Schlendrian noch Prinzipienreiter. Allein in Sachen Neurotizismus (womit die Launenhaftigkeit eines Menschen gemeint ist) schnitt ich unterdurchschnittlich ab. Immerhin bringt mich so schnell offenbar nichts aus der Ruhe.

Wir betrachten unser Ich gern als naturgegebene Größe. Doch der Glaube, genau so oder so zu sein, beeinflusst erheblich, wie wir uns verhalten – und zum Beispiel in Psychotests antworten. Das Selbstbild eines Menschen setzt sich eben zu einem Gutteil auch aus den Geschichten und Erklärungen zusammen, die er sich über sich selbst zurechtgelegt hat.

Beliebte Typenlehren

Ein millionenfach angewandter Persönlichkeitsfragebogen ist der Myers-Briggs-Typenindikator (MBTI). Inspiriert von der Typenlehre des Schweizer Tiefenpsychologen C. G. Jung erfanden die US-Amerikanerin Katherine Myers (1875–1968) und ihre Tochter Isabel Briggs Myers (1897–1980) in privater »Forschungsarbeit« ein System von 16 Persönlichkeitstypen, die sich aus der Kombination von vier Charaktereigenarten ergeben. Die Grunddimensionen lauten: extrovertiert – introvertiert, intuitiv – detailgenau, denkend – fühlend sowie urteilend – offen.[3]

Es hat sich allerdings gezeigt, dass Personen im MBTI je nach Tagesform ganz unterschiedlich abschneiden: Morgens gehören sie etwa zu einem anderen Typ als abends. Auch die Eignung für berufliche Aufgaben lässt sich damit schwerlich ermessen.[4] Dahinter kann im Prinzip zweierlei stecken: Entweder der Test misst nicht, was er theoretisch messen soll. Dann wäre das Verfahren nicht valide, weil es die 16 Persönlichkeitstypen eben nicht adäquat abbildet. Vielleicht ist aber auch das Modell selbst das Problem. Taugt der ganze Ansatz nichts, weil unseren Charakter andere als die postulierten Dimensionen auszeichnen, so kann auch ein mustergültiger Test kaum Aussagekraft entwickeln. Beim MBTI ist vermutlich beides der Fall, resümiert die Psychologin Annie Murphy Paul: »Es gibt keinen Beleg, dass die 16 Typen des MBTI mehr Gültigkeit besitzen als die zwölf Sternzeichen.«[5]

Dennoch ist das Verfahren, das seit 1975 exklusiv von *Consulting Psychologists Press* (CPP) vertrieben wird und in mehr als 30 Sprachen vorliegt, bis heute sehr beliebt. Viele große Firmen nutzen es als Hilfsmittel bei der Personalauswahl, und auch Partner-, Karriere- und Schulberater greifen darauf zurück. Warum? Weil sich der Anschein von wissenschaftlicher Exaktheit gut macht – egal, was unterm Strich herauskommt. Ob das Ergebnis die Realität widerspiegelt oder nicht, kann ohnehin niemand so ohne Weiteres überprüfen.

Oft mutet die solchen Typentests zugrunde liegende Theorie holzschnittartig an. Der »Hirndominanztest« etwa unterteilt die Menschheit in solche, die vor allem mit der vermeintlich rationalen linken Hirnhälfte arbeiten, sowie jene, die rechtsseitige Fähigkeiten wie Intuition und Kreativität stärker nutzen. Der linkshirnige Typ interessiert sich folglich für so prickelnde Materien wie Finanz- und Rechungswesen, während der Rechtshirner auf

Kunst, Musik und Psychologie (!) steht. Diese Zwei-Klassen-Gesellschaft ist im wahrsten Sinn hirnrissig, denn die beiden Hälften unseres Denkorgans besitzen keineswegs derart säuberlich getrennte Funktionen. Sie arbeiten vielmehr hoch vernetzt zusammen.

Gemäß dem alten Flunkerergrundsatz »Knüpfe bei Bekanntem an« enthält der Hirndominanztest zwar einen Funken Wahrheit: Für bestimmte Aufgaben sind tatsächlich asymmetrisch im Gehirn verteilte Netzwerke zuständig; man spricht hierbei von Lateralisierung. So verarbeitet die linke Hirnhälfte etwa Sprache, die rechte dagegen Zahlen und räumliche Vorstellungen.

Doch diese Vorlieben werden durch das krude Entweder-oder stark überzeichnet. Es gibt keine ganzheitlich denkende, kreative Hirnhälfte, genauso wenig wie es eine kühl kalkulierende, vernunftbetonte gibt. Und schon gar nicht lässt sich deren jeweilige Aktivität »harmonisieren«, indem man etwa abwechselnd durchs linke und rechte Nasenloch atmet.[6]

Was Forscher anders machen

Die wissenschaftlich solide Persönlichkeitsdiagnostik ist demgegenüber natürlich differenzierter. Von jeher versuchen Psychologen seelische Eigenarten von Menschen objektiv zu bestimmen. Dafür haben sie im Lauf der Zeit einen reichen Fundus an Methoden und Parametern ersonnen: Selbstauskünfte in Fragebogen, das Interpretieren von Farbklecksen und Interviewtechniken zählen ebenso dazu wie Reaktionszeitmessungen oder die Auswertung körperlicher Kennwerte wie Schweißproduktion, Pupillenweite oder elektrische Hirnströme. In der ersten Hälfte des 20. Jahrhunderts stimulierte vor allem das Militär die psychometrische Forschung. Während der Nazizeit blühte sie regelrecht auf, galt es doch jeden Teil des »Volkskörpers« seiner bestmöglichen Bestimmung zuzuführen.

Die Psychometrie – also der Versuch, geistige Eigenschaften auf Maß und Zahl zu bringen – ist ein uralter Hoffnungsträger der Seelenkunde. Ein ewiges Talent würde man in der Fußballsprache sagen. Denn trotz erheblichen Aufwands in Theorie und Praxis ist die Verlässlichkeit vieler Verfahren, die in der Wirtschaft, bei der Schul- und Studieneignungsprüfung oder bei der Partnervermittlung zum Einsatz kommen, zumindest fragwürdig.

Gemäß dem Credo der Psychodiagnostiker gibt es keine menschliche Eigenart, die nicht in Zahlenwerten ausgedrückt werden kann, egal ob Liebe, Willensstärke, Mitgefühl oder Humor. Woran lässt sich das Selbstvertrauen einer Person festmachen? Wie steht es um ihr Charisma? Welche Vorurteile hegt jemand gegenüber Blondinen oder Mercedesfahrern? Alles kein Problem! Die Krux dabei ist: Irgendein plausibles Verfahren ist schnell gefunden – es fragt sich nur, wie gut es auch das abbildet, was einen interessiert. Die Erfinder vieler Wald-und-Wiesen-Tests gehen kurzerhand davon aus. Forscher dagegen bemühen sich redlich, Verfahren mit möglichst hoher Validität und Reliabilität zu entwerfen. Was bedeutet das?

Reliabel ist ein Test, wenn es bei einer Wiederholung zu mehr oder weniger dem gleichen Ergebnis kommt. Zeigt Ihre Körperwaage zu Hause, wenn Sie dreimal nacheinander daraufsteigen, erst 70,2 Kilogramm an, dann 69,9 und schließlich wieder 70,1? Hm, nicht sehr reliabel! Bei psychologischen Tests, die von ganz verschiedenen Personen zu ganz verschiedenen Gelegenheiten eingesetzt werden, ist eine relativ große Streuung zu erwarten.

Validität wiederum beschreibt, wie eng das Resultat mit der postulierten Eigenschaft verknüpft ist und sie trennscharf von anderen unterscheidet. Misst mein Intelligenztest wirklich die Intelligenz einer Person – oder vielmehr deren Ehrgeiz oder angelesenes Wissen? Ist der Test zudem noch praktikabel (nimmt seine Durchführung also nicht etwa Wochen in Anspruch oder bedarf einer langwierigen Ausbildung), schon hat ein neues, innovatives Verfahren das Licht der Welt erblickt.

Eine Flut von Skalen und Testbatterien überschwemmt mittlerweile den Markt. Die *American Psychological Association* (APA) gab im März 2014 bekannt, ihr Archiv aller bekannten »Instrumente« (der Oberbegriff für standardisierte Fragebogen, Tests, Interviewleitfäden etc.) sei auf sage und schreibe 20 000 anwachsen.[7] Die deutsche Testdatenbank PSYNDEX enthielt Ende 2013 immerhin mehr als 6600 Nachweise. Darunter millionenfach eingesetzte Diagnostik-Kits wie der Hamburg-Wechsel-Intelligenztest (Hawie), ein rund anderthalbstündiger Leistungstest bestehend aus zehn Aufgabenbatterien, oder auch der bereits erwähnte NEO-FFI, der klassische Big-Five-Persönlichkeitsfragebogen mit je zwölf Fragen (»Items«) pro Persönlichkeitsdimension. Daneben gibt es für alle möglichen Zwecke und Interessen einen handlichen Test, samt Gebrauchsanweisung und an einer passenden Eichstichprobe erhobenen, statistischen Kennwerten.

Diese sind letztlich für die Güte und Aussagekraft des Verfahrens entscheidend. Denn: Will man wissen, wie es etwa um den IQ, das Empathievermögen oder die Grübelneigung einer Person bestellt ist, benötigt man einen Vergleichsmaßstab! Wie intelligent ist wohl der Durchschnittsbürger, wie gut kann er sich in andere einfühlen, wie viel grübelt er? Das Wesen jedes Tests besteht darin, die Resultate von Kandidat x zur jeweiligen Grundgesamtheit ins Verhältnis zu setzen. Er liefert also niemals absolute Werte, sondern lässt sich immer nur bezüglich der Vergleichsgruppe interpretieren.

IQ-Tests beispielsweise sind so konstruiert, dass das statistische Mittel (per Definition) bei 100 Punkten liegt. 50 Prozent der Bevölkerung haben also einen zweistelligen IQ, die andere Hälfte liegt über 100. Zu den Extremen hin sind immer weniger Personen zu finden: Mit einem IQ von 115 lässt man daher bereits rund zwei Drittel der Normalbevölkerung hinter sich – in der Gruppe der Nobelpreisträger allerdings dürfte man damit unter »ferner liefen« stehen.

Hier liegt häufig der Hase im Pfeffer, denn die statistische Validierung ist ein mühseliges und kostspieliges Geschäft. Möglichst Tausende von Personen gilt es dafür durch Vortests zu schleusen, die zeigen, ob die Methode etwas taugt und wie ihre Ergebnisse einzuordnen sind. Häufig sind Nachjustierungen und weitere Prüfreihen mit modifizierten Varianten nötig. Zahlreiche Verfahren sind nie durch dieses stählende Bad der Empirie gegangen. Die zur Diagnose eines Burnouts eingesetzten Fragebogen wie das Maslach-Burnout-Inventar (MBI) beispielsweise wartet darauf bis heute.[8] Was die wenigsten Praktiker allerdings davon abhält, mit ihrer Hilfe Millionen von Menschen ein Burnout zu attestieren.

Gravierender als solche methodischen Mängel sind jedoch die überzogenen Schlussfolgerungen, die aus Testergebnissen häufig gezogen werden. Es gibt eine regelrechte Zahlenhörigkeit. Der IQ zum Beispiel gilt vielen als Inbegriff der Erfolgschancen eines Menschen. Intelligente Menschen sind beruflich erfolgreicher, verdienen mehr, kommen beim anderen Geschlecht besser an, sind im Schnitt gesünder und zufriedener. Das mag im statistischen Durchschnitt durchaus zutreffen. Doch angesichts der Vielzahl der Faktoren, die unsere Lebensentscheidungen beeinflussen, eignet sich der IQ allein kaum dazu, die individuelle Entwicklung eines Menschen vorherzusagen. Miriam Gebhardt kommt zu dem Schluss: »Auch wenn die Methoden modern wirken, weil sie ein naturwissenschaftliches Design haben, lässt sich in der psychologischen Prognostik doch eine säkularisierte Form der Wahrsagerei erkennen.«[9]

Mein IQ, dein IQ

Der Intelligenzquotient, kurz: IQ, ist die mit Abstand populärste Maßeinheit der Psychologie. In seiner gut einhundertjährigen Geschichte hat es viele Versuche gegeben, die individuellen Geistesgaben eines Menschen zur Gesamtbevölkerung in Relation zu setzen (daher der Ausdruck »Quotient«). Eines blieb über all die Jahre konstant: der Glaube an ein objektiv bestimmbares, über die Lebensspanne konstantes Maß der geistigen Potenz eines Menschen.

Fragt man jedoch, was dieses Talent genau ausmacht und wie es sich zusammensetzt, so bekommt man fast so viele unterschiedliche Antworten, wie es Intelligenzforscher gibt. Intelligenz ist gleichzeitig eines der begehrtesten und der diskussionswürdigsten Konzepte der Psychologie.

Es hat sich eingebürgert, die Geisteskraft eines Menschen mit dessen IQ gleichzusetzen – jener Zahl irgendwo um die 100 (hoffentlich eher etwas darüber), die ein standardisierter Intelligenztest ausspuckt. Viele Zeitgenossen meinen, dieser Wert sei uns mit den Genen in die Wiege gelegt; das Wort Intelligenz hat für sie einen schicksalhaften Touch. In den ersten Lebensjahren sei bei entsprechender Förderung vielleicht noch etwas zu machen, aber spätestens ab dem frühen Erwachsenenalter lasse sie sich kaum noch verbessern. Fortan gehe es nur noch darum, den allmählichen Verfall hinauszuzögern.

Zwillingsstudien ergaben tatsächlich eine bedeutende Erbgutkomponente. Eine große britische Erhebung des Verhaltensgenetikers Robert Plomin vom King's College in London, dessen Team Daten von mehr als 13 000 Geschwisterpaaren auswertete, zeigte: Die Unterschiede in den geistigen Fähigkeiten zwischen getrennt aufgewachsenen Zwillingen waren deutlich geringer als die bei zweieiigen Geschwistern im selben Elternhaus. Intelligenz ist somit zu einem Gutteil genetisch bedingt.[10]

Allerdings gibt es weder *das* Intelligenzgen noch ein Intelligenzareal im Gehirn. Es wäre auch tatsächlich extrem verwunderlich, wenn ein so facettenreiches Talent, für das es bis heute nicht einmal eine allgemein verbindliche Definition gibt, auf eine einzige Quelle zurückzuführen wäre. So ist entgegen der verbreiteten Schwarz-Weiß-Malerei Intelligenz *weder* angeboren *noch* umweltabhängig – sondern stets und in wechselnden Anteilen beides. Die Wahrheit liegt (wie so oft) in der Mitte.

Zurück zur Frage, was Intelligenz eigentlich genau ist. Antwort: Das weiß niemand. Besser gesagt, jeder Forscher versteht ein bisschen was anderes darunter. Ein bekanntes Bonmot besagt, Intelligenz sei, was ein IQ-Test misst. Er umfasst umfangreiche Aufgabenbatterien etwa zum räumlichen Vorstellungsvermögen, zur Kapazität des Arbeitsgedächtnisses oder zum Verständnis logischer Regeln. Diese Fähigkeiten sind stets zu einem gewissen Grad kulturabhängig. Ein durch Schule und Gesellschaft von klein auf zur Leistung getrimmter Mensch hat von vornherein bessere Karten als ein grönländischer Inuit oder ein chinesischer Reisbauer. IQ-Tests messen insofern eine sehr spezifische Form der Intelligenz – nämlich die, die es zum Überleben in der modernen Industriegesellschaft braucht. Hier ist zum Beispiel schnelles Umschalten zwischen verschiedenen Aufgaben überaus hilfreich. Stundenlang vor einem Eisloch verharren können, um im entscheidenden Moment blitzschnell zuzuschlagen, ist im westlichen Konzept der Intelligenz nicht vorgesehen.

Dabei war schon früh klar, dass Intelligenz kein monolithisches Gebilde darstellt. Forscher unterschieden etwa zwischen sprachlichen, räumlich-konstruktiven und logisch-mathematischen Komponenten einerseits sowie zwischen Verarbeitungsgenauigkeit und -geschwindigkeit andererseits. Seit Jahrzehnten schwelt ein Streit über die Frage, ob die einzelnen Teilbereiche der mentalen Kapazität unabhängig voneinander sind oder ob ein allgemeiner Intelligenzfaktor dahintersteckt.

Neben der kognitiven Intelligenz im engeren Sinn, die vor allem das Tempo und die Sicherheit beschreibt, mit denen wir im Informationen verarbeiten, kursieren inzwischen auch noch viele andere Formen: soziale, schöpferische, moralische, motorische, praktische, sexuelle, intuitive, spirituelle Intelligenz, Erfolgs-, Glück-, Entspannungs-, Körper- und Schwarmintelligenz. Mit seiner Erfindung der »Multiplen Intelligenz« legte der Harvard-Psychologe Howard Gardner den Grundstein zu einem wahren Selbstbedienungsladen.[11]

Die gleiche Stoßrichtung deutet sich auch im Untertitel von Daniel Golemans Buch *Emotionale Intelligenz* an: »Warum sie wichtiger sein kann als der IQ«.[12] Goleman war ein Schüler Gardners und landete Mitte der 1990er-Jahre mit diesem Werk einen der erfolgreichsten Sachbuch-Bestseller aller Zeiten.

Die heutige Flut der Spezial-Intelligenzen, die sich in der Ratgeberliteratur so großer Beliebtheit erfreuen, ist ein gutes Beispiel dafür, wie die Nachfrage nach attraktiven Schlagwörtern zu einer wundersamen Vermehrung der Psychobegriffe führt. Die Erfinder entsprechender Tests (denn die dürfen natürlich nicht fehlen) rufen immer neue Teil- oder Sonderbegabungen aus, damit niemand leer ausgehen muss. Mit Logik oder Wortschatz haben Sie es nicht so? Kein Problem, man kann auch anders intelligent sein! Etwa auf kreative, kommunikative oder einfühlsame Weise. Hauptsache intelligent.

Verbreitete Fehlschlüsse

Im Umgang mit Psychotests und ihren Resultaten kommt es immer wieder zu typischen Missverständnissen. Hier einige der wichtigsten.

Irrtum 1: Absolut statt relativ
Persönlichkeitsmaße dienen dazu, individuelle Merkmale einer Person einzuschätzen, gemessen am Durchschnitt. Im Ideal stammt dieser aus der Gesamtbevölkerung – in Realität jedoch liegt ihm eine kleinere, mehr oder weniger repräsentative Auswahl von Personen zugrunde. Insofern haben Testwerte für sich allein genommen noch wenig zu sagen und ergeben sie nur im Vergleich zur jeweiligen Stichprobe Sinn.

Irrtum 2: Ursache statt Begleitumstand
Indem sie verschiedene Variablen messen und diese in Beziehung setzen, stellen Psychologen fest, wie stark sie miteinander zusammenhängen. So kommen typische Aussagen zustande: »Wenn x, dann (eher) y.« Zum Beispiel: »Aufgeweckte Kinder werden von ihrem Umfeld mehr bestärkt.« Ob und inwiefern das eine die Ursache des an-

deren darstellt, bleibt dabei zunächst offen. Macht die Bestärkung Kinder aufgeweckter – oder erhalten pfiffige Kids einfach mehr Zuspruch? Oder beides? Oder ist ein dritter Faktor (etwa die Bildungsnähe der Familie) für dieses und jenes verantwortlich?

Irrtum 3: Mono- statt multikausal

Wie ein persönliches Merkmal genau zustande kam, ist kaum zu beantworten. Meist wirken dabei viele verschiedene Faktoren zusammen, von den Genen über das Elternhaus bis hin zu prägenden Ereignissen. Unsere Neigung, einzelne, möglichst geradlinige Ursachen anzunehmen (die Gene! die Erziehung!), greift hier zu kurz. Zu allem Überfluss beeinflussen sich viele Ursachen auch noch gegenseitig: So wirken unsere Lebensumstände auf das Erbgut ein und umgekehrt.

Irrtum 4: Einzelfall statt Durchschnitt

Statistik bringt die ungeheure Bandbreite der Erscheinungen auf einen einfachen Nenner. Daher treffen Zusammenhänge wie zum Beispiel »Novemberkinder leben länger als im Mai Geborene« längst nicht in jedem Einzelfall zu, auch wenn sie im Mittel gelten mögen.[13] Wir neigen allerdings stark dazu, sie zu verallgemeinern. Ist die Wahrscheinlichkeit sehr hoch (»Alkohol enthemmt«) oder drohen schlimme Konsequenzen (»Rauchen fördert Lungenkrebs«) ist das durchaus sinnvoll. Die Vorhersagekraft der meisten Korrelationen (Zusammenhangsmaße) fällt jedoch eher bescheiden aus. So kann auch, wer im Mai zur Welt kam, steinalt werden. Zum Glück.

Irrtum 5: Soll statt Sein

Wie wir sind und wie wir sein sollten, sind mitunter zwei Paar Stiefel. Das kümmert die Erfinder der meisten

Selbsttests in populären Medien wenig: Ihre Produkte lassen klar erkennen, wie man antworten muss, um das gewünschte Resultat zu erzielen. Betrachten wir diese Unterhaltungsform also als das, was sie ist: ein Zeitvertreib, dem so viel Bedeutung zukommt wie dem Horoskop der Woche.

12 RECHNERISCH UNMÖGLICH
Liebe in Zeiten des Partnermatching

»True love,
you are the one I'm dreaming of,
your heart fits me like a glove.«
Madonna

Mein Freund Oliver ist Single, solange ich ihn kenne. Sex, Liebe, Partnerschaft – das war für ihn einfach nie ein Thema. Erspart einem ja auch eine Menge Ärger. Zum Beispiel mitten in der Nacht heulend im Regen herumzustehen, weil der oder die Angebetete nichts mehr von einem wissen will, oder vor lauter Liebeskummer die größten Dummheiten anzustellen. So etwas schien Oliver völlig fremd zu sein. Dachte ich. Bis er mir eines Tages sein Profil bei der Online-Partnerbörse zeigte.

Die von angehenden Elitepartnern geforderte Selbstbeschreibung »Das Besondere an mir ist ...« hatte Oliver mit den Worten vervollständigt: »... dass ich nicht zum Missionieren neige, egal in welcher Stellung.« So viel zum Thema kein Interesse an Sex! Was ich mich in diesem Moment fragte: Wenn ich Oliver selbst nach jahrelanger Freundschaft eigentlich nicht kannte, wie konnte ein mögliches Date aus dieser Kurzbeschreibung auf seinen Charakter schließen?

In der Geschichte der Beziehungsanbahnung erleben wir derzeit eine mittlere Revolution. Die paradoxe Kunstform der Suchanzeige, die gleichzeitig exakt kalkuliert und total locker sein will, macht zunehmend einer vermeintlich überlegenen Methode Platz: dem Partnermatching. Hier ein paar Beispiele dafür, was die klassische Singleanzeige so abturnend macht:

»Motion is Emotion. Bist du sportlich und suchst auch den Kick beim Skifahren, Wassersport, Alpintouren oder Marathon? Zum Herzflimmern bei deiner Leidenschaft fehlt dir jetzt nur noch die passende Liebschaft. Der Weg ist das Ziel und gemeinsame Kontemplation der Kernpunkt jeglicher Action.«[1]

Oder, weniger knackarschig, dafür umso gefühliger:

»Ich bin ein netter, fröhlicher Kerl, arbeite als Lehrer in leitender Position und fühle mich etwas einsam. Wenn du eine freundliche Frau bist und Freude an gemeinsamen Besuchen von Ausstellungen, Museen, Kino, Konzerten und auch mal an einem gemütlichen Fernsehabend hast, möchte ich dich gerne für eine ›fesselnde‹ Beziehung kennenlernen. Vielleicht entsteht ja unsere Kathedrale der Liebe.«

Wieder andere setzen auf die Devise »Bin ich zu stark, bist du zu schwach«:

»Dr. med., eine gefragte Koryphäe im Spitzensportbereich, dessen bisherige Biografie einen fast neidisch machen könnte, mö. sich verlieben. Berufl. u. privat hat er noch hoch interessante Dinge vor u. könnte sich deshalb besonders gut eine polyglotte u. unternehmungsfreudige Partnerin vorstellen.«

Solche bemühte Selbstdarstellung erscheint reichlich antiquiert; die meisten Singles vertrauen heute vielmehr der authentischen Seelenverwandtschaft, die es zu erforschen gilt, bevor man eine engere Bindung eingeht. Nur so findet jeder Topf den passenden Deckel.

Der Markt der einsamen Herzen

Die Partnervermittlung ist ein blühendes Feld der Psychobranche. Die erste kommerzielle Online-Partnerbörse *match.com* startete 1995. Die Plattformen auf dem deutschen Singlemarkt – die Marktführer heißen *Parship*, *FriendScout24*, *Elitepartner*, *eDarling* oder schlicht *neu.de* – werden von bis zu 8 Millionen Deutschen genutzt.[2] Und die meisten von ihnen setzen große Hoffnungen darauf: Laut einer Umfrage von »Infratest dimap« aus dem Jahr 2010 glaubt jeder zweite Single, er könne auf diesem Weg am ehesten den ersehnten Traumpartner finden.[3] Immer mehr Kupplerdienste richten sich inzwischen an spezielle Zielgruppen – *Elitepartner* an Akademiker, *Romantik-50plus* an Senioren, *Farmflirt* an Landwirte, *Handicap-Love* an Behinderte, und Öko-Singles finden sich unter *Gleichklang*.

Sie alle bieten ihren Kunden vermeintlich zwei Vorteile: Erstens eine sehr große Auswahl an potenziellen Partnern – um ein Vielfaches größer, als man im realen Leben jemals treffen könnte – sowie zweitens ein maßgeschneidertes Angebot von Kandidaten, die wirklich zu einem passen. Das Credo, dem die meisten Anbieter hierbei folgen, lautet: Ähnliche Interessen und Werthaltungen bürgen für mehr Glück in der Liebe; nur in einzelnen Punkten, etwa beim Dominanzstreben, gilt es auf unterschiedliche, komplementäre Eigenschaften zu achten. Beides lässt sich über entsprechende Online-Persönlichkeitstests blitzschnell aufeinander abstimmen.

Riesige Auswahl plus exakter Profilabgleich: Da kann wohl kaum noch etwas schiefgehen – oder doch? Eine besonders breite Palette an Optionen ist zunächst einmal nicht unbedingt besser als ein beschränktes Angebot. Wie in Kapitel 2 erläutert, führt Ersteres im Gegenteil häufig dazu, dass uns die Entscheidung nicht etwa leichter, sondern schwerer fällt. Denn umso größer erscheint die Gefahr, Mr. oder Mrs. Right zu verpassen. Mal abgesehen von dem Aufwand, bei jedem Bewerber von Neuem zu entscheiden: hopp oder topp? Notgedrungen verlegen wir uns angesichts eines überreichen Angebots oft auf eine simplere Suchstrategie und wählen anhand von wenigen Kriterien aus, sprich: oberflächlicher.

Die Psychologin Alison Lenton von der University of Edinburgh (Schottland) konnte diesen Effekt für Speed-Dating-Events bestätigen.[4] In einer Auswertung von 84 Studien, bei denen jeweils verschieden große Singletrupps ins Rennen geschickt wurden, zeigte sich, dass die Teilnehmer eine Auswahl aus vielen Bewerbern im Schnitt nicht nur als »kniffliger« empfanden – die gingen dann auch eher nach groben Faustregeln vor und suchten etwa nur nach Körpergröße oder Haarfarbe aus, statt sich mit dem Beruf oder den Hobbys des anderen näher zu beschäftigen.

Lentons Kollege Peter Todd fragte junge Leute, wie viele Kandidaten ihnen ausreichend erschienen, um einen passenden Partner zu finden. Die Angaben rangierten meist zwischen 20 und 50! Eine äußerst optimistische Schätzung, wie ein nachfolgender Test bewies: Schon bei einer Gruppe von 20 Bewerbern hatten viele Probanden ihre liebe Mühe, die Einzelprofile im Gedächtnis zu behalten.[5] Offenbar unterschätzten die Betreffenden, welche Probleme es ihnen bereiten würde, eine so große Truppe zu sichten. Typischer Fall von »Mehr hilft mehr«-Illusion.

Gemäß der zweiten Verheißung der Online-Vermittler garantiere ein wissenschaftlich fundierter Abgleich der Persönlichkeit dafür, nicht einfach über die erstbeste Bekanntschaft zu stolpern, sondern einen wirklich Seelenverwandten zu finden. Die Liebe für Lebens, per Glücksformel ausgerechnet – dem Partnermatching sei Dank!

Auf das Miteinander kommt es an

Manche US-Anbieter wie *scientificmatch.com* oder *chemistry.com* werben sogar damit, die genetischen oder biochemischen Profile ihrer Kunden auf größtmögliche Übereinstimmung hin zu überprüfen. Allerdings konnte keiner der angeblich bewährten Algorithmen bislang unter Beweis stellen, dass er die Chance auf eine dauerhaft harmonische Partnerschaft erhöht. Viele der eingesetzten Methoden werden auch erst gar nicht transparent gemacht.

Das übliche Vorgehen beinhaltet drei Schritte. Zunächst füllt der Interessent einen Fragebogen zum persönlichen Charakter- und Wunschprofil aus. Auf dieser Grundlage unterbreitet eine Software aus dem Pool der Millionen gespeicherten Singles ein Portfolio »gematchter« Vorschläge. Im dritten Schritt folgt die Kontaktanbahnung per E-Mail, die (beiderseitiges Interesse vorausgesetzt) zum realen Treffen führt.

Doch welche Eigenschaften und Interessen von Partnern passen tatsächlich gut zusammen? Um zu überprüfen, was an dem beliebten Grundsatz »Gleich und Gleich gesellt sich gern« zu halten sei, analysierte die Psychologin Portia Dyrenforth Daten aus drei großen Befragungen von insgesamt mehr als 20 000 verheirateten Paaren in Australien, Großbritannien und Deutschland.[6] Ergebnis: Die charakterliche Übereinstimmung zwischen den Partnern erklärte statistisch gerade einmal 0,5 Prozent der Unterschiede in ihrer Zufriedenheit. Offenbar trug eine ähnliche Wesensart so gut wie nicht zum Beziehungsglück bei. Worin mochte es also stattdessen gründen?

Viele Partnerschaftsforscher sehen die eigentlich entscheidenden Faktoren in Dingen, die eher wenig mit den individuellen Vorlieben zu tun haben: nämlich darin, wie man miteinander redet und Konflikte löst. Beim Partnermatching lässt sich das naturgemäß kaum berücksichtigen. In einem Übersichtsartikel zum Nutzen des Partnermatching kamen Forscher um Eli Finkel kürzlich zu dem gleichen Schluss: Für den Beziehungserfolg entscheidender als persönliche Eigenarten ist, was selbst ausgefuchste Online-Algorithmen nicht in Betracht ziehen können[7] – die Art der Kommunikation. Sie offenbart sich allerdings erst lange nach dem Kennenlernen und der ersten Verliebtheit. Jene Oberflächlichkeiten, die meist über die Kontaktaufnahme entscheiden – wie Interessen, Aussehen, Kleidungsstil –, spielen auf lange Sicht dagegen eine untergeordnete Rolle.

Seelenverwandtschaft hin oder her, jedes Paar ist irgendwann einmal geteilter Meinung. Sie will ins Theater, er lieber zu Hause auf dem Sofa lümmeln; sie findet, das Bad müsste mal wieder geputzt werden, er will lieber spazieren gehen. Dann kommt es darauf an, nicht stur auf dem eigenen Standpunkt zu beharren, sondern einen gemeinsamen Weg zu finden. Eine Prise Humor und Selbstironie sind dabei hilfreich, vor allem aber die Fähigkeit, nicht in Vorhaltungen und gegenseitige Kritik zu verfallen. Die meisten Schuldzuweisungen sind ja gar nicht so gemeint, sie unterlaufen einem eher aus Überforderung, verletztem Stolz oder Unachtsamkeit. Dies alles lässt sich nicht an den Hobbys und Interessen im Onlineprofil ablesen.

Neben dem automatisierten Matching bieten Online-Börsen auch die Möglichkeit, potenzielle Partner nach eigenen Wünschen gezielt zu suchen. Dies schränkt die Auswahl zunächst einmal wohltuend ein – denn das Beuteschema der meisten Singles ist eng: Nicht zu dünn und nicht zu dick soll der Traumpartner sein, am besten zwischen 1,75 und 1,85 Meter groß, blond, zur Not auch brünett, beruflich unabhängig und gebildet, nicht zu aufdringlich und nicht zu schüchtern, humorvoll, aber keine Ulknudel, klug, aber nicht besserwisserisch ...

In der Theorie stellen wir uns meist ein Pendant vor, das einem selbst in möglichst vielen Belangen ähnelt: ähnlich attraktiv, charakterlich ähnlich veranlagt, ähnlich gebildet, mit ähnlichen Interessen. Zu große Differenzen gelten dagegen als Hemmschuh. Bei der realen Partnersuche allerdings wirft man solche Überlegungen rasch über Bord[8] und fühlt sich von jenen umso mehr angezogen, die das besondere Etwas haben. Wer will schon einen Normalo an seiner Seite? Offenbar wissen wir oft einfach nicht, wer uns wirklich guttut.

Die Lücken, die der erste Flirt im Internet zwangläufig lässt, füllt die Phantasie. So festigen sich beim Kennenlernen per E-Mail oder Chat rasch Erwartungen, die beim realen Treffen leicht enttäuscht werden. Manche Begegnungen sind dabei von vornherein zum Scheitern verurteilt (oder kommen gar nicht erst zustande), weil die Frusttoleranz niedrig ist. Ein Haar an der falschen Stelle, ein zu grobes Wort, eine falsch gedeutete Geste – schon ist der Betreffende durchgefallen. Wer nicht auf Anhieb begeistert, bekommt keine zweite Chance, es soll schließlich Liebe auf den ersten Blick sein. Und der oder die Nächste steht schon in den Startlöchern.

Das alles bedeutet freilich nicht, dass Online-Dating grundsätzlich nichts bringt. Beinah jeder kennt inzwischen ein Paar, das sich im Internet kennengelernt hat. Doch die Chancen sind keineswegs größer als im normalen Leben. Auch in Sachen Partnerwahl sind wir mit »Mehr hilft mehr« schlecht beraten. Ein überreiches Angebot und hohe Erwartungen an den potenziellen Partner lassen so manches Glimmen ersterben, bevor eine Flamme entfacht werden kann.

Wir Beziehungsarbeiter

Sarah und Paul haben sich gefunden. Es war »Liebe auf den ersten Blick« meint Sarah, und Paul lächelt versonnen. Seit drei Jahren sind sie nun ein Paar, seit gut einem wohnen sie zusammen. In einem Ratgeber haben sie gelesen, dass es die Partnerschaft stärkt, wenn man einen regelmäßigen Gesprächstermin vereinbart, bei dem ohne Zeitdruck und Beschränkungen über alles geredet werden kann, was einem auf den Nägeln brennt. Nicht, dass die beiden besondere Probleme miteinander hätten – im Großen und Ganzen läuft es zwischen ihnen prima. Gut, Sarah wünschte sich manchmal schon, Paul würde auch von sich aus mal den Putzlappen in die Hand nehmen, und Paul reagiert ab und zu genervt, wenn Sarah stundenlang mit ihrer Freundin am Telefon hängt. Aber man kann ja über alles reden.

Sarah und Paul wollen auf der Hut sein. Auf keinen Fall soll es ihnen so gehen wie ihren geschiedenen Eltern, die im Lauf der Jahre allmählich das Interesse füreinander verloren und sich auseinanderlebten. Besser, man setzt sich einmal in der Woche zusammen und betreibt »Beziehungspflege«.

Bei diesem Jour fixe steht aktives Zuhören auf dem Programm, auf die Bedürfnisse des anderen eingehen, seine Gefühle nachvollziehen, nicht mauern, sondern zugewandt bleiben, nicht kritisieren oder erziehen wollen, sondern gemeinsam nach der bestmöglichen Lösung suchen. Für Sarah und Paul gehört das inzwischen ganz selbstverständlich zu ihrem Paaralltag dazu.

»Je weniger festgeschriebene Erwartungen es gibt, desto mehr können Mann und Frau ihre Beziehung selbst definieren, ja sie müssen dies tun«, erklärt der Paartherapeut

Arnold Retzer.[9] »Was ist richtig, was falsch? Was willst du, was will ich? Was sollen wir tun? Jetzt bedarf es eines ständigen Dialogs, um Gemeinschaft herzustellen und zu erhalten.«

Laut dem US-Psychologen John Gottman brauche es nicht viel, um – von außen betrachtet – tragfähige Beziehungen mit hoher Wahrscheinlichkeit von solchen zu unterschieden, die zum Scheitern verurteilt sind: nämlich ganze drei Minuten.[10] Gottman nahm in seinem »Love Lab« an der University of Washington die Gespräche von Paaren über ihre Beziehungsprobleme per Video auf. Da saßen sie also brav nebeneinander und diskutierten über etwas, bei dem sie schon oft geteilter Meinung waren: zum Beispiel der Hund, den sie abgöttisch liebt, während er den Mief und die Haare überall nur schwer erträgt. Oder darüber, wessen Aufgabe es ist, den Müll herunterzubringen. Die so entstandenen Filme der Forscher wurden von eigens geschulten Mitarbeitern analysiert, die vor allem auf den emotionalen Ausdruck achten sollten und die Gefühlsäußerungen der Beteiligten nach einem speziellen Kodiersystem auswerteten.

Siehe da: Schon anhand von wenige Minuten langen Sequenzen ließen sich jene Paare, die sich innerhalb der folgenden sechs Jahre wieder trennten, von den stabilen Zweierkisten unterscheiden. Selbst dreiminütige Kurzclips offenbarten mit überraschend großer Sicherheit, ob ein Paar aufs Beziehungsaus zusteuerte oder nicht. Das wichtigste Alarmsignal: Vorwürfe und gegenseitige Missachtung. Die No-gos heißen: recht haben wollen (»Was weißt du denn davon ...?«), pauschalisieren (»Immer willst du bestimmen ...«), bevormunden (»Gib doch zu, dass ...«), verletzen (»Du bist und bleibst eben ein Egoist«), Schuld zuweisen (»Wer wollte denn unbedingt ... Ich etwa?«).

Laut dem Paartherapeuten Retzer ist das romantische Liebesideal, das unser Bild von Partnerschaft heute prägt, eine häufige Ursache für Beziehungsbrüche. Wer sich eine stabile Partnerschaft wünscht, darf nicht erwarten, nach Monaten und Jahren noch genauso verknallt zu sein wie zu Beginn der Beziehung. Zuhören, füreinander da sein, die Untiefen des Alltags gemeinsam umschiffen, das wird irgendwann wichtiger als heißer Sex.

NUR DAS BESTE FÜRS KIND
Die neuen Leiden der Eltern

»Es ist nie zu früh.«
Beliebter Slogan der Kleinkindförderung

Nein, ich habe keine Kinder. Für manche disqualifiziert mich das von vornherein, etwas Sinnvolles zu diesem Thema beizutragen. Wie will einer, der die Freuden und Leiden der Elternschaft nicht kennt, sich ein Urteil über die richtige Erziehung erlauben? Was auch immer man von diesem Totschlagargument halten mag – es liegt mir fern, irgendwelche Ratschläge zu erteilen. Viel spannender ist die Frage, warum gerade im Umgang mit dem Nachwuchs mehr Psychodogmen und Expertentipps kursieren als irgendwo sonst.

Jenseits von Disziplin und Gehorsam

Wenn es um Kinder und Erziehung geht, ist heute fast unvermeidlich von »kleinen Tyrannen« oder »Rundum-sorglos-Sprösslingen« die Rede. Der vermeintlich dauerumtüddelte Nachwuchs verfüge über eine extrem niedrige Frusttoleranz, da ihm die Eltern, getrieben von der Angst, sie könnten etwas falsch machen, jeden Wunsch von den Augen ablesen. Vom Windelalter an würden die Kleinen mit Angeboten überhäuft, und viele Mütter und Väter seien ängstlich darauf bedacht, nur ja keine sensible Phase und Förderchance zu verpassen. So gerieten Deutschlands Kinderzimmer zu Talentschmieden, denn der Kampf um die besten Köpfe beginne schließlich schon in Kita und Grundschule.

Das Schlagwort vom »überförderten Kind« ist zum Gemeinplatz geworden – doch es ist ungerecht. Zum einen gibt es auch hierzulande immer noch eine erschreckend große Zahl von Kindern, die nicht in behüteten Verhältnissen aufwachsen. Nach Angaben der Bundesagentur für Arbeit lebten Ende 2011 in Deutschland gut 1,6 Million Kinder von Hartz IV – rund jeder siebte Unter-15-Jährige. Unabhängig von der finanziellen Lage ihrer Eltern erleiden viele Kids auch andere Entbehrungen bis hin zu seelischer und körperlicher Gewalt.

Zum anderen darf man nicht vergessen, warum die in der Öffentlichkeit so gerne gescholtenen Supermoms und Superdads sich den ganzen Stress überhaupt antun. Sie tun es aus Angst, ihrem Nachwuchs die Zukunft zu verbauen, wenn sie nicht alle Entwicklungspotenziale ihrer Kinder ausschöpfen. Was Fritzchen nicht lernt, lernt Fritz nimmermehr – Resultat dieses Denkens ist eine Torschlusspanik, die maßgeblich vom Ratgeber- und Optimierungskult getrieben wird.

Angesichts einer Geburtenrate von derzeit 1,4 Kindern pro Frau hat der Nachwuchs in Deutschland einen besonderen Stellenwert erlangt.[1] Eine große Zahl genau getimter Wunschkinder ist darunter, die von langer Hand in die persönliche Lebensplanung einbezogen werden und den bestmöglichen Start ins Leben haben sollen. Dieser Anspruch war früheren Generationen eher fremd. Die Erziehung folgte Traditionen, die kaum infrage gestellt wurden. An die Stelle dieser (häufig verstaubten) Erziehungsgrundsätze trat inzwischen die umfassende Sorge um die

optimale Förderung und das Ausschalten von Verletzlich-
keiten. Die sensible Kinderseele soll möglichst unbelastet
bleiben, weshalb viele Eltern zu Motivationscoachs mutie-
ren, die ihre Aufgabe darin sehen, zu loben und zu bestärken.

Wie sehr dürfen sie auch eigenen, negativen Gefühlen
wie Ärger und Enttäuschung Luft machen? Wann müssen
Grenzen gesetzt und durchgefochten werden? Darüber
herrscht augenscheinlich große Unsicherheit, zumal oft
die familiären Vorbilder fehlen. Laut einer Studie der Kon-
rad-Adenauer-Stiftung von 2008 empfinden zwei Drittel
der Eltern die Erziehung ihrer Kinder als anstrengend,
viele fühlen sich täglich gestresst.[2]

Viele Elterntipps kranken daran, dass sie mit schwam-
migen Begriffen operieren. Dass Eltern auf ihre Kinder
»eingehen«, dass sie ihnen »Liebe schenken« und »nötige
Grenzen setzen« sollen, klingt einleuchtend. Aber was
heißt das genau? Wie geht man mit Trotzanfällen um?
Wann und wie setzt man die besagten Grenzen? Einschlä-
gige Elternratgeber pflegen oft eine bemerkenswerte Wi-
schiwaschi-Rhetorik: »Lassen Sie Ihrem Kind die Freiheit,
die es braucht, aber geben Sie ihm auch verbindliche Regeln vor.« »Eine gute Mutter kann sich in die Bedürfnisse
des Kindes hineinversetzen und gibt ihm Orientierung, wo
es nötig ist.« Was das praktisch bedeutet, bleibt jedoch
vielfach offen.

In ihrer Not setzen manche Eltern – unterstützt durch
Erzieher und Therapeuten – auf fragwürdige Psycholeh-
ren. Zum Beispiel die »Festhaltetherapie«. Die von der
tschechischen Psychologin Irina Prekop in Deutschland
populär gemachte Methode empfiehlt, tobende oder erregte Kinder zu beruhigen, indem man sie minuten- bis
stundenlang festhält, bis der innere Aufruhr nachlässt und
sich ein »freudiges Erleben« der Zärtlichkeit einstellt. Was

ursprünglich als Unterstützung für behinderte oder autistische Kinder gedacht war, lassen viele, denen diese Mischung aus Freiheitsberaubung und Liebesbekundung sinnvoll erscheint, auch gesunden, nur aufgedrehten Kindern angedeihen: Sie pressen sie an sich, bis sie ihren Widerstand aufgeben. Die Umarmung wird so zum Mittel der Disziplinierung.

Kann es wirklich gut sein, ein Kind zu körperlicher Nähe zu zwingen? Hier siegt der Glaube an eine vermeintlich gesicherte Methode offenbar über die Vernunft. Dies einzusehen scheint eigentlich nicht schwer (und auch die meisten Erziehungsexperten raten dringend von der Festhaltetherapie ab). Doch der Zauber der Psychodogmen scheint für viele Zeitgenossen gerade umso größer, je mehr sie der normal-menschlichen Intuition widersprechen. Statt ihrem Gefühl und gesunden Menschenverstand zu vertrauen, verschreiben sie sich einer vermeintlich überlegenen Heilslehre.

Balsam für gestresste Elternseelen

Der dänische Erziehungsexperte Jesper Juul sieht in der übermäßigen Sorge um den Nachwuchs eine häufige Quelle des Übels und plädiert für mehr Laissez-faire im Kinderzimmer. Statt Erziehung im engeren Sinn brauchten Kinder etwa bis zum vierten oder fünften Lebensjahr vielmehr »liebevolle Begleitung«. Juul spendet Balsam für wunde Elternseelen: Es ist ok, sagt er, nicht sofort zu springen, wenn das Kind mal quengelt, und alles ausdiskutieren müsse man auch nicht. Kinder sollten lernen, ihre Gefühle und Bedürfnisse selbst zu regulieren, sich zu beruhigen, wenn ihnen etwas gegen den Strich ging, und auch einzusehen, dass nicht alles so läuft, wie sie es gerne hätten. Diese Erkenntnis und der damit verbundene Frust machen nicht krank, sondern ein Stück lebensweiser.

Bereits Kleinkinder werden heute mit Angeboten überhäuft, zwischen denen auszuwählen sie nicht selten überfordert. Eltern, die glauben, einem Anderthalbjährigen durch beständiges Fragen (»Willst du lieber die Bauklötze oder das Plüschtier?«) eine Willensentscheidung abzuringen, sitzen einem Irrtum auf. Dass die Kleinen nach diesem oder jenen greifen, heißt nicht unbedingt, dass sie auf Basis abgewogener Kriterien bewusst entscheiden würden. Und die wortreichen Begründungen, mit denen Eltern ihre eigenmächtigen Entschlüsse gegenüber dem Kind schon im Wickelalter rechtfertigen, wirken oftmals kurios.

Der britische Soziologe Frank Furedi attestiert einer wachsenden Zahl Eltern eine regelrechte Paranoia.[3] Sie wollten jegliches Risiko für ihre Kinder ausschalten und träumten von der totalen Sicherheit. Galten etwa Rauferei und Waghalsigkeit einst als Zeichen von Mut, und heikle Situationen zu bestehen als wichtige Entwicklungsaufgabe, so habe sich heute eine Art Vollkasko-Mentalität ausgebreitet. Die Angst der Eltern übertrage sich dabei vielfach auf ihre Kinder. So haben auffällig viele angstgestörte Kinder und Jugendliche hyperbesorgte Eltern.[4]

Dem eigenen Nachwuchs Unannehmlichkeiten ersparen zu wollen ist natürlich, und zu akzeptieren, dass man nicht alles Negative von ihnen abschirmen sollte, kostet Überwindung. Doch bleiben Kindern bestimmte Belastungen erspart – vom Spielen im Matsch über einen spannenden Film bis hin zu körperlichen Grenzerfahrungen –, erschwert das womöglich auf lange Sicht den sicheren Umgang damit. Lässt sich eine bedrohliche oder herausfordernde Situation irgendwann dann doch nicht vermeiden, ist das Drama groß. Auf einen vergleichbaren Effekt führen Immunologen den Anstieg kindlicher Allergien zurück. Die nahezu perfekte Hygiene hat ihren Preis: Wo fast keine Keime mehr in Umlauf sind, entstehen auch keine starken Abwehrkräfte.

Laut der norwegischen Psychologin Ellen Sandseter stellt riskantes Spielen sogar eine wirksame Gefahrenprophylaxe dar. Denn Kinder, die beim Klettern, Raufen oder Herumtoben ihre Grenzen austesten, kassieren dabei zwar manche Schramme; können aber häufig besser einschätzen, wann Gefahr droht.[5] Auch mal allein für sich zu spielen, Frust und Langeweile auszuhalten, sich eine Belohnung vorzuenthalten, um ein längerfristiges Ziel zu verfolgen, gruselige Situationen durchleben und feststellen: »War doch halb so wild« – auf diese Weise lernen Kinder, wozu sie selbst fähig sind und wann sie Hilfe brauchen.

Der Londoner Gesundheitswissenschaftler David Ball errechnete, dass die Sicherheit britischer Kinderspielplätze trotz millionenschwerer Investitionen, etwa in stoßdämpfende Oberflächen, nicht sank.[6] So wie Autofahrer, die sich bei Telefonieren per Freisprechanlage sicher fühlen und entsprechend riskantere Manöver vollführen, würden sich auch Kinder von der Polsterung ihrer Spielgeräte zu riskanter Akrobatik verleiten lassen – und schon *steigt* mitunter sogar die Zahl der Unfälle.

Modediagnose ADHS

Der Wochenplan manches Achtjährigen kann es heute mit dem Terminkalender eines Managers aufnehmen. Mögen die Eltern auch vom trauten Familienleben träumen – was hilft's, der Spross muss nach der Schule schnell etwas essen, dann weiter zum Sport, später zum Musikunterricht, zum Computerclub oder in den Sprachkurs. Abends noch die Hausaufgaben einschieben, ein bisschen Rückschau auf den Tag und ab ins Bett – morgen geht das Programm von vorne los.

Sicher, solange bei alldem der Spaß im Vordergrund steht, ist es eine tolle Sache, aktiv zu sein und viele Interessen zu verfolgen. Doch wenn es nur aus Pflichtgefühl oder den Eltern zuliebe abgespult wird, raubt zu viel des Guten wichtige Freiräume. Welches Tagespensum lässt noch Zeit für zweckfreies Spielen oder auch einfach mal Nichtstun? Solche Verschnaufpausen sind allerdings wichtig, um auch wieder zur Ruhe zu kommen.

Kinder, die nicht so funktionieren, wie es für einen straff organisierten Lernalltag erforderlich ist, die unkonzentriert und zappelig sind, werden in wachsender Zahl dabei »unterstützt« – etwa durch Ergotherapie oder Achtsamkeitstraining, aber auch medikamentös. Die Menge des in Deutschland verschriebenen Ritalin ist laut Bundesinstitut für Arzneimittel und Medizinprodukte (BfArM) von 34 Kilogramm im Jahr 1993 auf über 1,6 Tonnen im Jahr 2008 gestiegen.[7]

Der Wirkstoff Methylphenidat hat sich zu einem der meistverschriebenen Medikamente in der Pädiatrie gemausert, obwohl seriösen Schätzungen zufolge nur drei bis vier von hundert Kinder unter einer Aufmerksamkeitsstörung leiden. Die Zahl der Diagnosen stieg allerdings der Kaufmännischen Krankenkasse (KKH) zufolge zwischen 2004 und 2007 um rund 50 Prozent. Nach Angaben der Techniker Krankenkasse wurde 6- bis 18-Jährigen in Deutschland im Jahr 2010 rund 30 Prozent mehr Ritalin verschrieben als noch 2007. Und laut einer Untersuchung kanadischer Forscher an knapp 1 Million Kinder wird bei Kids, die im Dezember geboren sind, deutlich öfter ADHS diagnostiziert als bei Januarkindern. Weshalb? Gemäß dem Kanadischen Schulsystem, das zum Jahresende einschult, sind die Dezemberkinder stets die jüngsten eines Klassenjahrgangs – und damit oft noch etwas »hibbeliger« als ihre älteren Mitschüler.[8]

Ganz offensichtlich werden heute viele Kinder von Ärzten, Eltern und Pädagogen für hyperaktiv erklärt, weil das die Legitimation dafür liefert, das beruhigende, die Lernleistung steigernde Mittel Ritalin zu verordnen. Das kann die rasante Zunahme der Diagnose ADHS zumindest zum Teil erklären: Kinder, die offiziell den Status »Verdacht auf ADHS« erlangen, bedürfen einer Behandlung, die sie verträglicher macht. Es ist schließlich nur zu ihrem Besten. Und schon wird die »Störung« auf einmal schick.[9]

Erziehung ist nicht alles

Wie kaum ein anderes Feld ist die Kindeserziehung Schauplatz ideologischer Scheingefechte. Mit Schuldzuweisungen an all jene, die die eigene Sicht nicht teilen, wird hier selten gespart. Doch wie man sein Kind erzieht, hat weniger dramatische Auswirkungen als meist angenommen wird (abgesehen von extremen Formen wie körperlicher Züchtigung und seelischem Druck, die ganz offensichtlich nicht zum Wohl des Kindes sind). Die Gene, die Ernährung, die Freizeitgestaltung, gleichaltrige Freunde, die Medien – sie alle tragen dazu bei, dass Kinder nicht so stark unter dem elterlichen Einfluss geformt werden, wie sich das Mama und Papa meist vorstellen. »Von wem hat der/die Kleine das nur?« Die Antwort lautet häufig: Nicht von den Eltern!

Ist die ganze Aufregung also umsonst? Nur ein weiteres Beispiel für den Verlust einst fester Orientierung? Mit dem

Schwinden der Mehr-Generationen-Familie kam jungen Erwachsenen ein unmittelbares Erziehungsvorbild abhanden. Kaum jemand wünscht sich ernsthaft den alten, autoritären Erziehungsstil zurück, doch als Reibungsfläche war der allemal gut. Orientierung kann schließlich auch bedeuten, zu wissen, was man *nicht* will.

Eltern stecken in einem Zwiespalt: Einerseits möchten sie der freien, selbstbestimmten Entwicklung des Kindes nicht im Weg stehen, indem sie es reglementieren, andererseits möchten sie den lieben Kleinen auch nicht »nach der Pfeife tanzen«. Der goldene Mittelweg ist nicht immer leicht zu finden. An dieser Verwirrung haben Psychologen einigen Anteil – und zwar auf beiden Seiten des Frontverlaufs: Die einen erklären, jedes Weinen, das nicht umgehend »aufgefangen« werde, lasse den Pegel der Stresshormone steigen und behindere eine gesunde Hirnentwicklung. Das Gefühl, von der Welt verlassen zu sein, grabe sich ins emotionale Gedächtnis der Kleinen ein und fördere Angst und Depression im späteren Leben. Andere verweisen hingegen darauf, es seien vor allem übervorsichtige, »bemutternde« Eltern, die das Risiko für Angststörungen beim Nachwuchs steigern.

Kinder großzuziehen scheint heute ein heikleres Unterfangen denn je zu sein. Nicht Unkenntnis oder mangelndes Interesse sind die großen Hürden, sondern das ständig lauernde Unbehagen, man könne ja einen Fehler machen. »Das Dauerabo auf ein schlechtes Gewissen wird mit dem Baby mitgeliefert«, erklärt die Journalistin Mariam Lau, Mutter von drei Töchtern.[10]

Monat für Monat kommen neue Erziehungsratgeber auf den Markt, und die ideologisch verminte Erziehungsdebatte wird medial immer wieder neu angeheizt. Typisch für das öffentliche Bohei ist die Tendenz, die eigenen Ansichten zur Norm zu erheben. Man mag die häusliche Kinderbetreuung für rückschrittlich halten – doch zu unterstellen, sie sei grundsätzlich weniger wert als die Betreuung im Kindergarten (oder umgekehrt), ist Unsinn. So ergab eine Auswertung von 68 Studien aus vier Jahrzehnten zu der Frage, ob die Berufstätigkeit von Müttern die geistigen Leistungen ihrer Kinder beeinflussen, dass hier kein systematischer Zusammenhang besteht.[11]

Es kommt anscheinend ganz darauf an – auf den familiären Umgang, auf das Einkommen, Bildungsniveau, auf den Wohnort und so fort. Die pädagogischen Fähigkeiten von Eltern sind nicht per se besser oder schlechter als die Betreuung im Kindergarten. Ob fremd betreut oder nicht, entscheidend sind die Rahmenbedingungen. Ein ungünstiger Erziehungsstil, der auf Bevormundung oder emotionale Zwickmühlen setzt (»Wenn du nicht brav bist, mag ich dich nicht mehr!«), ist häufig Auslöser für seelische Nöte.

Hauptsache gut gebunden

Ein oft zitierter Kronzeuge in der Erziehungsdebatte ist der britische Kinderpsychiater John Bowlby (1907–1990). Er hatte in umfangreichen Forschungen seit den 1940er-Jahren versucht, über den Einfluss der Mutter-Kind-Beziehung auf die Psyche nicht nur zu spekulieren (wie es bis dato meistens geschah), sondern der Sache per Beobachtung und Experiment auf den Grund zu gehen. 1969 führte Bowlby unterschiedliche Typen kindlichen Bindungsverhalten ein.[12] Um diese einigermaßen sicher zu unterscheiden, entwickelte seine langjährige Mitarbeiterin Mary Ainsworth den sogenannten »Fremde Situation«-Test, bei dem die Reaktionen des Kindes auf standardisierte Weise beurteilt werden, während die Mutter den Untersuchungsraum verlässt. Protestiert das Kleine oder nimmt es das

Verschwinden der Bezugsperson teilnahmslos hin? Lässt es sich von einer fremden Person trösten? Freut es sich über die Wiederkehr der Mutter?

Der sicher gebundene Typ entspricht dem Ideal: Das Kind registriert, dass Mama weg ist, zeigt sich kurz beunruhigt – widmet sich dann aber wieder rasch seinem Spiel. Der unsicher-vermeidende Typ hingegen hat die Erfahrung, verlassen zu werden, schon so verinnerlicht, dass er kaum protestiert und einfach weiterspielt. Unsicher-ambivalent gebundene Kinder geraten in Aufruhr, schreien und weinen heftig und sind auch nach Rückkehr der Mütter nicht leicht zu beruhigen. Der vierte (nachträglich eingeführte) Typ der desorganisierten Bindung schließlich zeigt ein großes Durcheinander der Gefühle.

Bowlbys Unterteilungen auf dem Kontinuum kindlicher Reaktionen – von ungerührt bis untröstlich – lassen sich verhältnismäßig gut reproduzieren: Ein Kind, das in Tränen ausbricht, sobald Mama außer Sicht gerät, tut dies beim nächsten Mal vermutlich wieder. An solche Beschreibungen knüpfen sich allerdings zwei wichtige Annahmen: Erstens, dass das Verhalten des Kleinkinds maßgeblich vom Verhalten der Mutter abhängt. Sei sie nicht immer fürs Kind da oder sende widersprüchliche Signale, so erzeuge dies Angst, Frustration bis hin zu Hoffnungslosigkeit. Und zweitens lasse das Bindungsverhalten von Einjährigen bereits absehen, wie der betreffende Mensch im späteren Leben sein werde – ängstlich und verschlossen gegenüber anderen oder eher mitteilsam und selbstbewusst.

So ordneten Bowlbys Nachfolger den kindlichen Verhaltensweisen vier Beziehungsstile von Erwachsenen zu: »autonom«, »distanziert-abweisend«, »besorgt-verstrickt« sowie »unverarbeitet«. Ein eigens dazu erstellter Fragebogen, das Adult Attachment Interview (AAI), dient als Analogon zum Fremde-Situation-Test.[13]

Unsere sozialen Bande, insbesondere zu Eltern und anderen Bezugspersonen, sind zweifellos prägend. Insofern haben solche Modelle durchaus Berechtigung. Sie sind vor allem dazu geeignet, die Folgen von Vernachlässigung und Gewalt in der frühen Kindheit aufzuzeigen. In trivialisierter Form jedoch dienen sie oft dazu, Eltern Furcht einzuflößen: Kindliches Verhalten innerhalb des normalen Rahmens gerät ins Zwielicht (»ambivalent gebunden«!) und die Eltern unter den Verdacht, nicht sensibel genug auf den Nachwuchs einzugehen. Wer nicht auf dem Sprung sei, sobald das Kind knatschig werde, wer es minutenlang in Bett schreien lasse, um es etwa vom Schnuller zu entwöhnen, oder wer es in die Hände wechselnder Betreuer gebe, gefährde die sichere Bindung.

Bei den in Deutschland besonders erbittert geführten Grabenkämpfen um die Kinderbetreuung fungieren Ansätze wie die Bindungstheorie als der Zement zum Betonieren von Vorurteilen. Dabei werden die Unterschiede im elterlichen Verhalten oft überzeichnet, bis hin zu absurden Behauptungen wie der, es schade Kindern, tagsüber nur von den Eltern oder, je nachdem, von Erzieherinnen betreut zu werden. Diese wie jene beeinflussen Kinder gewiss, mit Schwarz-Weiß-Denken wird man dem jedoch nicht gerecht.

Der Mittelweg zwischen Kuschelpädagogik und dem Ruf nach Disziplin führt nur über den gesunden Menschenverstand. Die Sehnsucht nach einfachen Antworten sollte jedenfalls nicht dazu führen, dass Kinder irgendeinem »psychologisch fundierten« Regime unterworfen werden. Oder wie es in einem englischen Sprichwort heißt: Der Weg in die Hölle ist mit den besten Absichten gepflastert.

Coaching für alle Fälle

Seit Neuestem gibt es Bücher für Kinder und Jugendliche, die davon handeln, wie man am besten mit den eigenen Eltern umgeht, Konflikte löst und Vereinbarungen aushandelt. Und eine Fülle von Trainings und Schulungen kann sich angedeihen lassen, wer seine pädagogischen Qualitäten auf Vordermann bringen will. Dass viele Eltern psychologisch fundierte Unterstützung suchen, weiß auch Karl Heinz Brisch. Der Münchener Psychoanalytiker hat das Trainingsprogramm SAFE® entwickelt, ein Akronym für »Sichere Ausbildung für Eltern«. Das Programm umfasst zehn Sitzungen, die helfen sollen, eine gute Bindung zum Kind aufzubauen, angefangen bei der »optimalen Einstellung auf die Bedürfnisse des Neugeborenen« bis hin zum Feinfühligkeitstraining und der Aufarbeitung eigener belastender Kindheitserlebnisse, die sich ansonsten leicht auf den Nachwuchs übertragen. SAFE ist beileibe nicht das einzige Coaching für unsichere Eltern. Erziehungshilfen wie Triple P, STEP, SESK oder TAFF sind ebenso im Angebot. Sogar Opa-und-Oma-Training bieten manche Einrichtungen heute an.

All diesen Programmen ist eines gemeinsam: Wer sie zur persönlichen Fortbildung ins Auge fasst, gehört im Allgemeinen nicht zu denen, die sie besonders nötig hätten. Will sagen: Schon der Wunsch, sich psychologisch für das »Projekt Nachwuchs« zu wappnen, zeugt von einer Sensibilität, die wirklich folgenschwere Fehler eher unwahrscheinlich macht.

Das Problem ist vielmehr, dass es die betreffenden Eltern *zu gut* machen wollen und sich unter enormen Leistungsdruck setzen. Sie überschätzen in der Regel auch den Einfluss, den sie auf ihr Kind haben. Ob Intelligenz, Kreativität, Temperament, Gewissenhaftigkeit, emotionale Stabilität oder andere Gaben – laut zahlreicher Studien entwickeln sich solche Eigenschaften in einem komplizierten Wechselspiel zwischen Erbanlagen und Umweltfaktoren sowie Lebensereignissen. Die Erziehung spielt zwar eine Rolle; aber eben nur *eine*. Lebensentscheidende Weichen stellt sie eher selten: Kinder sind keine Knetmasse.

SCHLUSS
Wie Rituale das Leben erleichtern

»We're never gonna survive
unless we get a little crazy.«
Seal

»Der Wecker klingelt, Zeit zum Aufstehen. Jetzt aufpassen
und das richtige Bein zuerst auf den Boden setzen, sonst
fängt der Tag schlecht an, aus energetischer Sicht. Dann
das Gewicht kontrollieren und den aktuellen Fettanteil
des Gewebes messen. Körperfett bei 8 Prozent? Zu viel!
Das muss reguliert werden. Bewusstes Body-Manage-
ment. Deshalb eine Viertelstunde joggen, natürlich puls-
überwacht. Der Puls darf nicht über 130 kommen, sonst
geht Power verloren, statt sie zu gewinnen. Dann eine
belebende Wechseldusche, nicht zu warm und nicht zu
kalt. (...)

Beschwingt und gehobener Stimmung geht es auf den
Weg zur Arbeit. Also erst mal in den Stau. Die Situation
positiv sehen und nutzen. Zeit für isometrische Übungen,
auch kleine Atemexercises sind angebracht. (...) Gute
Laune ist kein Zufall, das kleine Lächeltraining hebt sie augenblicklich. Life powered by smiling. (...) Sollte der Be-
wusstheitslevel tagsüber sinken, helfen bewährte Strategien gegen den Stress. Da entspannt man in Windeseile
und ist gleich wieder voll da. Unbedingt relaxed bleiben,
sonst geht der Fokus verloren. Deshalb die Energie stören-

der Gefühle transformieren und so für die eigenen Ziele einspannen. (...)

Abends zu Hause entschlossen umschalten. Die Geheimnisse erfolgreicher Partnerschaft beherzigen. Auch an der Liebe muss immer gearbeitet werden, damit sie bestehen bleibt. Da ist es eine Kleinigkeit, den Partner zufriedenzustellen, kommunikativ, emotional, sexuell. Dann noch den Kindern Liebe zukommen lassen, damit sie einen Topstart ins Leben haben. (...) Checken: Was ist abgehakt, was muss morgen angepackt werden. Das wird in den Timer eingetragen. Sollte zwischenzeitlich Unzufriedenheit auftauchen, (...) bitte gleich mit Strategien des Glücks-Managements gegensteuern. Schnell ein paar Eintragungen in das Glückstagebuch tätigen. Jetzt richtig loslassen und zügig die Batterien aufladen. Der Schlaf muss in die Betaphase kommen.«[1]

Ein Tag im Leben des modernen Selbstoptimierers – so karikiert Michael Mary in seinem Buch »Die Glückslüge« jene Zeitgenossen, deren Alltagsmanagement zum Selbstläufer wurde. Kontrolle und Effizienzsteigerung haben für sie oberste Priorität, denn sie wollen vor allem eines: es *noch besser* machen.

Wie hält man den Körper in Form und die Seele in Balance, wie fördert man die eigene Laune und packt Aufgaben optimistisch an, wie bewahrt man sich ein offenes Ohr für den Partner, und wie wird man ein allzeit zufriedener Mensch? Das Ziel ist gut, aber der Weg, den der Selbstoptimierer einschlägt, führt daran vorbei. Denn wer den Blick nicht mehr von sich selbst abwenden kann, entdeckt immer neue Baustellen, Schwächen und Risiken.

Die Folge ist ein fataler Perspektivwechsel: Früher *lebte* man den Alltag, heute wird er *gemeistert*. Normal ist nicht länger das Mehr-oder-minder-Gute, Funktionierende, auch wenn es von gelegentlichen Durststrecken unterbrochen wird, sondern das Problematische, Prekäre. Wir laufen ständig Gefahr, ins Jammertal abzustürzen. Die Psyche leidet, *es sei denn*, man tut etwas, um sie zu stärken; der Job, die Liebe, das Kind sind bedroht, *es sei denn*, man wappnet sich dagegen mit dem passenden Stressbewältigungs-, Kommunikations- oder Erziehungstraining. So entsteht ein Gefühl ständigen Getriebenseins.

Wer es verinnerlicht hat, tut vieles nicht mehr um seiner selbst willen, sondern als Mittel zum Zweck: Man isst sich mental stark, treibt Sport, weil man fit bleiben muss, oder belegt den Volkshochschulkurs nur, um die grauen Zellen in Schwung zu halten. Spaß? Zweitrangig! Am Ende holt man nicht mal mehr Luft, weil es eben das Normalste auf der Welt ist – sondern um zu sich selbst zu finden.

Ganz so, wie es die Gebote der Psychoindustrie verlangen, macht der Selbstoptimierer den zweiten Schritt vor dem ersten: Er sucht die Lösung, bevor er überhaupt ein Problem hat. Er hangelt sich von Glücksversprechen zu Glücksversprechen, sorgsam bemüht, das Richtige zu tun. Einfach gut sein lassen – auf diesen Gedanken kommt er nicht.

Zum Schluss möchte ich Sie einladen, sich vom Glauben an die wohlfeilen Psychorezepte zu verabschieden. Sie brauchen niemanden, der Ihnen erklärt, wie Sie Ihr Leben leben sollen. Kein Glückscoach und kein Motivationstrainer weiß besser als Sie, was gut für Sie ist. Und Therapeuten können zwar wirkungsvoll psychische Störungen lindern; den Weg zu einem gelingenden Leben kennen aber auch sie nicht. Wir müssen ihn selbst ausfindig machen – ohne Garantie und auf eigenes Risiko!

Moderne Glücksritter

Der Wunsch nach umfassender Sicherheit treibt eigenartige Blüten. Seit es möglich ist, das Erbgut einzelner Personen ohne allzu großen Aufwand zu entziffern und es auf genetische Besonderheiten hin zu prüfen, scheint der Traum vom gläsernen Menschen in greifbare Nähe zu rücken. Doch was nützt uns das Wissen, mit dieser oder jener Wahrscheinlichkeit an Krebs, Alzheimer oder Arthrose zu erkranken? Das Paradoxe daran: Selbstverschuldete Risiken – ob Handygespräche am Lenkrad, rauchen oder reichlich Burger mit Pommes – stören uns wenig. Sobald wir uns jedoch einer (echten oder vermeintlichen) Gefahr aussetzen *müssen*, etwa wenn wir uns dem Können irgendeines Jetpiloten anvertrauen, ist der Jammer groß. Dabei verursachen Flugzeugabstürze weit weniger Opfer als der allgegenwärtige Irrglaube, man habe die Risiken im Griff.

Neue technische Möglichkeiten, sich seiner selbst zu vergewissern, finden im Internet derzeit viele Anhänger: Self-tracking heißt das Zauberwort. Auf Webseiten wie der von den Journalisten Gary Wolf und Kevin Kelly gegründeten *quantifiedself.org* kann man eine Fülle von Daten über sich sammeln. Angefangen bei körperlichen Parametern wie Gewicht, Pulsfrequenz oder Blutdruck, über subjektive Befindenswerte (Wie glücklich bin ich gerade?) bis hin zum heimischen Schuh- oder Krawattensortiment. Auch die Website *trackyourhappiness.org* dient der computergestützten Selbsterkundung. Gegründet hat die Seite der US-Psychologe Matthew Killingsworth, um Menschen zu helfen, »mehr über sich selbst herauszufinden«. Drei Mal am Tag erhalten registrierte Mitglieder eine SMS-Nachricht, in der sie aufgefordert werden, ihre persönliche Zufriedenheit mit ihrem momentanen Tun zu beurteilen. Die gesammelten Werte können dann nicht nur im zeitlichen Verlauf dargestellt werden, sondern lassen sich auch mit allerlei anderen Parametern in Verbindung bringen – seien es die Börsenkurse, das Körpergewicht oder die Sonnenscheindauer.

Self-tracking befriedigt ein Bedürfnis, das heute größer ist denn je: sich selbst zu vermessen. Auch wenn es sich letztlich nur um eine Ansammlung von Zahlen handelt – Messwerte suggerieren Verlässlichkeit. Am Freitag fast doppelt so hohe Glücksscores wie am Dienstag? Kein Wunder, so kurz vor dem Wochenende. Außerdem waren Blutdruck und Cholesterinwerte endlich wieder im Lot und das Aktienportfolie auf Jahreshöchststand geklettert.

Forscher kamen 2011 nach Auswertung von Millionen Twitter-Nachrichten zu dem Schluss, dass die Stimmungskurve der User im Lauf des Tages sinkt. Während morgens noch euphorische Botschaften den Ton angeben, heißt es abends eher »Puh, wieder ein Tag geschafft«.[2] Gerade Medien wie Internet und Handy bieten die Möglichkeit, sich durch automatische Benachrichtigungen und soziale Netzwerke permanent mit anderen über sein Befinden auszutauschen.

Der US-Medizinsoziologe Nicholas Christakis und sein Kollege James Fowler analysierten die Auskünfte Tausender US-Bürger der Stadt Framingham (Bundesstaat Massachussets), die man in einer groß angelegten Langzeitstudie regelmäßig über ihr Befinden und ihre Lebenszufriedenheit befragt hatte. Da im Rahmen der Untersuchung auch erhoben wurde, wer mit wem verwandt, bekannt oder freundschaftlich verbunden war, ließ sich die Ausbreitung von Glückswellen innerhalb des sozialen Netzwerks nachvollziehen. Siehe da: Steigende Zufriedenheit der Nachbarn ließ auch den eigenen Glückswert steigen. Viele Zeitgenossen setzen auf den heilsamen Effekt der sozialen Ansteckung. Indem sie sich mit möglichst vielen Glücksrittern zusammenschließen, wollen sie etwas für die eigene Stimmungslage tun. Möglicherweise wäre ihnen mehr geholfen, würden sie den Blick auch einmal vom persönlichen Glücksbarometer abwenden.

Zwei Arten zu denken

Der Psychologe Daniel Kahneman, Wirtschaftsnobelpreisträger des Jahres 2002, unterscheidet zwischen zwei Denksystemen des Menschen, einem schnellen und einem langsamen. Das erste arbeitet vollautomatisch und mühelos, letzteres macht dagegen eine Menge Arbeit – und ist anfällig für Täuschungen. Als »Fokussierungsillusion« bezeichnet Kahneman ein Phänomen, das für unseren Fall eine besonders wichtige Rolle spielt: Jene Aspekte, auf die wir gerade unsere bewusste Aufmerksamkeit lenken, gewichten wir im Allgemeinen höher, als eigentlich nötig und vernünftig wäre.[3]

Sei es das zu besorgende Hochzeitsgeschenk, der verpasste Arzttermin oder das grässliche Grau des Pullovers, den man doch besser in dem hübschen Blauton hätte kaufen sollen – derartige Dinge absorbieren uns oft derart, dass wir uns kaum vorstellen können, es komme vielleicht doch nicht so sehr darauf an.

Ist das, worum wir uns so gerne sorgen, sind all die Bedenken und Problemzonen am Ende gar nicht so dramatisch? Ein provozierender Gedanke. Die glühendsten Anhänger des Psychokults erinnern an Kinder, die sich zeternd zu Boden werfen und unbedingt alles auf einmal haben wollen, jetzt sofort. Doch daraus dürfte in den meisten Fällen nichts werden. Sie hätten mehr davon zu lernen, auch ohne die gute Psychofee mit dem Zauberstab auszukommen.

Der Wunsch nach Selbstoptimierung, der das Denken vieler Menschen dominiert, raubt ein gehöriges Stück Lebensfreude. Denn alles möglichst bewusst zu tun, bewirkt das Gegenteil des Erhofften: Statt Klarheit zu schaffen, produziert es wachsende Ratlosigkeit und Trübsal.[4] Wer sein Ich exakt vermessen und unter Kontrolle halten will, gewinnt nichts und verliert viel – nämlich eine Gabe, die uns die besten Momente beschert: Selbstvergessenheit.

Warum ziehen wir nicht die Konsequenzen und lassen es einfach sein? Das ist leichter gesagt als getan. Schließlich können wir der Freiheit, tun und lassen zu können, was wir wollen, kaum entrinnen – und wir wollen es auch gar nicht. Persönliche Freiheit ist ein hohes Gut, eine wunderbare Errungenschaft, die wir im selben Moment, da man sie uns raubt, schmerzlich vermissen. Aber diese Freiheit wird manchmal zur Bürde.

Unsere Psyche ist dafür geschaffen, Sinn zu produzieren. Denn eine noch so fadenscheinige Erklärung ist meist immer noch besser als Ahnungslosigkeit. Immerhin erhöht das die Chance, zur Tat zu schreiten, statt in Angst zu erstarren. So nimmt unser Denkapparat bei der Interpretation der Welt großzügig Abwege in Kauf, auch hinsichtlich des Bildes, das wir uns von uns selbst machen. Das Gehirn reagiert auf Reize, die uns nicht bewusst werden, wir haben unberechenbare Eingebungen und konstruieren Erinnerungen an Dinge, die so nie stattgefunden haben. Bewusstsein umfasst nur einen Bruchteil der Informationen, den unser Denkorgan in jeder Sekunde verarbeitet.

Die Fähigkeit zur bewussten Innenschau hat sich vermutlich zu dem Zweck entwickelt, kurzfristige Verhaltensanpassungen zu erleichtern. Als Standardmodus unseres Denkens ist erhöhte Selbstaufmerksamkeit dagegen eher hinderlich. Probanden, die vor einem Spiegel platziert werden oder vor dem Lösen einer Aufgabe zunächst eine Weile über sich selbst nachdenken sollen, schneiden in kniffligen Leistungstests regelmäßig schlechter ab – und ärgern sich eher über Patzer. Wer sich nicht verrückt machen will, sollte nicht vergessen, ab und zu den Spiegel im Kopf einzuklappen.

»Die Suche nach dem Ich ist eine Verschwendung von Zeit und Energie«, resümieren Werner Siefer und Christian Weber ihre Reise durch die Forscherlabore. »Die Mühen wären besser investiert, begännen wir stattdessen mit dem Versuch, die Kränkung zu akzeptieren, die uns die Wissenschaft zugefügt hat. Der ganz einfache Satz dazu lautet: Nimm dein Ich nicht so wichtig, aber nimm dein Leben ernst.«[5]

Der Autopilot im Kopf

Mut zu mehr Selbstvergessenheit bedeutet, zu akzeptieren, dass wir uns immer ein Stück fremd bleiben und dass das kein Grund zu verzweifeln ist. Wir können uns sogar ausgesprochen gut damit anfreunden! Zum Beispiel, indem wir dem Autopiloten im Kopf ruhig mal das Kommando überlassen.[6] Hier einige Beispiele für Handlungen, die wir automatisch und ohne nachzudenken vollführen – weil es gar nicht anders geht:

- in einer großen Menschenmenge entgegenkommenden Personen ausweichen
- aus dem Blick eines anderen lesen, was derjenige im Schilde führt
- einer Ahnung folgend den Schirm einstecken, obwohl Sonnenschein angesagt ist – und prompt regnet es

- beim Kochen die Zutaten in der richtigen Reihenfolge in den Topf geben, ohne aufs Rezept zu schauen
- einen Weg wiederfinden, den wir nur ein Mal vor längerer Zeit gegangen sind
- im richtigen Moment den Kopf einziehen, wenn ein Schneeball auf uns geworfen wird.

Ihr Autopilot manövriert Sie ohnehin schon bei vielen Gelegenheiten, lassen Sie ihm ruhig etwas mehr Spielraum! Wie gesehen ist unser Denken längst nicht so unfehlbar und rational, wie wir üblicherweise glauben. Wir denken in der Tat auch automatisch, stellen spontane Mutmaßungen darüber an, was andere denken oder beabsichtigen. Lebe lieber unbewusst! So lautet das Motto, das uns tatsächlich näher zu uns bringt.

Wir brauchen die alltäglichen Kümmernisse nicht zu ignorieren oder herunterzuspielen. Doch in dauernder Sorge darüber, ob es uns auch ja gut geht, lebt es sich keinen Deut besser. So manche Hoffnung bleibt unerfüllt, manche Querelen begleiten uns lange, und es wird sich auch kaum vermeiden lassen, dass wir uns immer wieder aufraffen, uns überwinden müssen, um zu erreichen, was anders nun mal nicht zu haben ist. Diese Aussicht ist vielleicht nicht die rosigste – aber so ist das Leben! Daran ändern auch die hehren Versprechen der Psychoindustrie nichts.

Diese schlägt aus der Hoffnung Kapital, man könne mittels wissenschaftlicher Methoden sein Leben »berechnen«. Doch wer glaubt, er müsse jeden Schritt von Grund auf durchkalkulieren, kommt nie in die Gänge. Lebe ich bewusst genug? Passt mein Partner wirklich zu mir? Fördere ich mein Kind richtig? Auf all diesen Gebieten suggerieren exakte Analysen und erprobte Programme eine Sicherheit, die es nicht gibt. »Das Leben geschieht auch und immer wieder gegen den Willen und die Erwartungen der Menschen, und es wird uns auf diese Weise weiterhin auffordern zu lernen«, schreibt Michael Mary. »Wir brauchen darüber nicht in Begeisterung auszubrechen, aber wir können uns damit versöhnen.«[7] Nur wie geht das? Ein paar einfache Faustregeln können dabei hilfreich sein.

Regel 1: Keine Chance den Panikmachern!
Die Alternative zum Psychokult heißt keineswegs, blind drauflos zu stümpern, sondern zu begreifen, dass es gar nicht schlimm ist, keine fertigen Antworten auf viele Fragen des Lebens zu haben. Beziehungen und Karrieren gelingen auch dann (vielleicht sogar besser), wenn sie nicht bis ins letzte Detail durchgeplant sind. Zu fest gefügte Ansichten (»Mein Chef traut mir nichts zu!«, »Mein Partner versteht mich nicht!«) verhindern, dass wir uns in andere hineinversetzen und die Sache einmal aus ihrer Sicht betrachten. Lassen Sie sich nicht einreden, Sie müssten ständig alle Optionen im Blick haben und auf Ihr Bauchgefühl horchen. Selbstinquisition ist keine Lösung. Improvisieren Sie ruhig – und machen Sie Fehler! Der Mut, die Dinge laufen zu lassen, wächst in dem Maß, wie die Panikmache ins Leere läuft.

Regel 2: Weniger ist mehr!
Begrenzen Sie die Zahl Ihrer Wahlmöglichkeiten. Das mag nach Verzicht und Selbstkasteiung klingen, doch Sie haben nichts zu verlieren außer Ihrem Unbehagen angesichts der Flut der Angebote. Schalten Sie auf Durchzug – und das Handy aus, wenn Ihnen danach ist. Selbst auferlegte Enthaltsamkeit?! Darf man etwa nicht versuchen, das Beste aus sich zu machen? Quatsch! Doch andererseits sollte man sich auch nicht jedes kleine Manko zu Herzen nehmen, sondern den Perfektionismus lieber gegen hei-

tere Gelassenheit eintauschen. Außerdem heißt Bescheidenheit nicht automatisch Verzicht. Sie ist eine Frage der Einstellung.

Regel 3: Wider den tierischen Ernst!
Unser Leben ist geprägt von ernster Geschäftigkeit. Umso wichtiger ist es, ab und zu einmal das zu tun, was »seriösen Menschen« im Traum nicht einfallen würde: Seien Sie auch mal ineffizient, albern sie herum und zeigen Sie den von Sorgen gebeugten Ich-Arbeitern die kalte Schulter. Es gibt wenig, was einem mehr Erleichterung verschafft. Fahren Sie aufs Geratewohl mit dem Rad los, kreuz und quer durch die Stadt oder durch die Gegend, in der Sie leben. Setzen Sie sich auf eine Verkehrsinsel und beobachten das Treiben um sie herum. Umarmen Sie Bäume. Klopfen Sie im Büro bei dem nervigen Kollegen an, mit dem sonst niemand zu tun haben will. Schunkeln Sie sich durch den Musikantenstadl, als wäre das genau Ihr Ding. Kurz: Nicht immer alles so eng sehen. Überraschen Sie sich selbst. Das befreit – und macht Spaß.

Regel 4: Mehr denkfreie Zonen!
Sich seiner selbst bewusst zu sein und Innenschau zu halten hat manches für sich. Es hilft etwa zu entscheiden, ob einem der Sinn eher nach Cappuccino oder einer heißen Schokolade steht oder ob man einen gemütlichen Nachmittag auf dem Sofa dem Waldspaziergang vorzieht. Beim Abwägen körperlicher Bedürfnisse hilft es, den Blick nach innen zu richten. Doch so große Fragen wie die, wer wir sind und was wir sein wollen, lassen sich nicht allein durch Nachdenken beantworten. Dafür ist es schlichtweg nicht gemacht. Hier sind wir darauf angewiesen, Dinge auszuprobieren – auch auf die Gefahr hin, dass es mal schiefgeht.

Über sich nachdenken, Gefühle und Gedanken beobachten und in die gewünschten Bahnen lenken strengt außerdem an. Vergessen wir also zwischendurch das Verschnaufen nicht. Kein Motor kann dauernd auf Hochtouren laufen, und es tut auch dem Denken nicht gut, wenn es sich nur um sich selbst dreht.

Regel 5: Mut zum Risiko!

Viele Zeitgenossen meinen, die einzige Alternative zur Totalabsicherung aller Lebensentscheidungen sei ein tollkühnes Kamikazekommando. In Wahrheit liegt zwischen beiden Extremen ein faszinierendes Spektrum voller Möglichkeiten. Gehen Sie ruhig ab und zu ein Risiko ein – das endet keineswegs gleich in der Katastrophe, sondern beschert womöglich unverhoffte Glücksmomente. Und das sind die besten.

Regel 6: Keine Vergleiche!

Sicher, irgendeinem Schlaumeier geht alles immer noch leichter von der Hand als Ihnen. Ärgert Sie das manchmal oder frustriert es Sie? Das beste Gegenmittel lautet: Schielen Sie nicht so sehr auf die Leute links und rechts von Ihnen. Damit verschwenden Sie nur Ihre Zeit. Es geht schließlich um Ihr Leben und nicht um das von irgendwem sonst.

Regel 7: Nicht »bei sich« sein ist auch o.k.!

Wir bemerken die schleichenden Veränderungen unserer Persönlichkeit kaum, sondern wähnen uns unter einer Käseglocke der Unwandelbarkeit. Dieser Eindruck von Stabilität tut gut, auch wenn uns zentrale Aspekte des Ichs dadurch verborgen bleiben. Unser Selbstbild bleibt stets lückenhaft und verzerrt. Daran ändert auch der Authentizitätsfimmel nichts.

Menschen brauchen Rituale

Lässt sich diese Gelassenheit im Umgang mit dem Ich lernen? Kann man sich zur Genügsamkeit erziehen und Momente der Selbstvergessenheit kultivieren? Wer es versucht, muss es sich doch auch selbst auferlegen und bewusst in Angriff nehmen. Beißt sich die Katze da nicht in den Schwanz?

Zum Glück verselbstständigen sich Rituale schnell. Dann gehen sie wie von selbst von der Hand, ohne dass man darauf achten muss. Das ist zugleich ihr großer Vorzug: Sie machen das Denken überflüssig – wenigstens für den Moment. Und wer den Drang zum Grübeln zumindest hin und wieder eindämmt, dem ist damit schon geholfen.

Probieren Sie es einmal damit, auf Leerlauf zu schalten und etwas schrecklich Monotones zu tun. Starren Sie aus dem Fenster und zählen Sie die Vögel im Baum gegenüber. Oder sammeln Sie im Park Butterblumen. Schälen Sie ein Pfund Mandeln. Stricken Sie Socken. Geben Sie sich Gelegenheit, in einen Rausch zu verfallen (und ich spreche nicht von Drogen!). Bewegung ist hervorragend dafür geeignet oder auch Musik. Lesen Sie ein Gedicht, das Ihnen gefällt, möglichst laut, und lauschen Sie dem Klang der Wörter. Machen Sie etwas, das in den Augen der meisten pure Zeitverschwendung ist. Sitzen Sie eine Stunde lang da und trinken Tee oder schneiden Sie meinetwegen Grimassen. »Die Seele baumeln lassen« nannte man das einmal.

Die besten Rituale sind solche, die uns gar nicht weiter auffallen. Es können ganz unscheinbare Dinge sein, die dem Alltag Struktur geben. Der immer gleiche Keks zum Nachmittagstee. Das Schaumbad mit anschließendem Nickerchen. Der sonntägliche Tatort. Das Zwiegespräch mit dem Maskottchen. Das Sofa-Stündchen am Wochenende, eingemummt in den Lieblingspullover. Die Spazierrunde mit dem Hund. Aber es geht auch komplizierter: Mancher muss die frisch gewaschene Wäsche immer linksherum zum Trocknen aufhängen. Die Bücher im Bücherregal nach Farbe sortieren.

In Medienberichten ist oft von einer Renaissance der Traditionen die Rede. Gerade unter jungen Leuten würden Benimm- und Tanzkurse wieder beliebter, Hochzeiten in Weiß samt Kirche und Kutsche, ein Reihenhäuschen mit Garten. Dass Regeln und Rituale in unsicheren Zeiten vermehrt Zulauf finden, hat der US-Psychologe Tom Pyszczynski auch experimentell nachweisen können. In Versuchen gab er Probanden etwa Texte über die Endlichkeit des Lebens zu lesen – prompt zeigten die Teilnehmer stärkeren Gemeinschaftssinn als zuvor. Die Konfrontation mit Ungewissheit und Gefahr schweißt offenbar zusammen. Pyszczynski bezeichnet das als »Terror Management«.[8]

Wir Menschen bilden uns gerne einiges auf unsere Fähigkeit zur Selbstreflexion ein. Da fällt es schwer, sich vorzustellen, man könne ohne sie auch nur einen Schritt vorankommen. Doch es geht! Denken ist eine tolle Sache, solange man noch weiß, wo der Ausschalter ist. Rituale sind dafür bestens geeignet.

Wie das für Sie ganz persönlich aussehen mag, können Sie nur selbst entscheiden. Doch keine Sorge: Sie brauchen nicht als gedankenloser Zombie durchs Leben zu rennen – es genügt schon, wenn Sie die Glühbirne im Oberstübchen immer mal wieder ausknipsen, bevor sie durchglüht. Und wenn Sie unbedingt tiefschürfen wollen, tun Sie es am besten so, dass es Ihnen nicht aufs Gemüt schlägt, zum Beispiel spielerisch: »Therapie« ist ein sehr unterhaltsamer Klassiker unter den Gesellschaftsspielen.

Wenn Sie dieses Buch zuklappen, liegt es an Ihnen, ob Sie der Psychobranche weiterhin auf den Leim gehen wollen oder nicht. Sie wird gedeihen, solange Menschen nach einfachen Glücksrezepten dürsten; dafür sorgen schon der Geschäftssinn und das Sendungsbewusstsein der Anbieter. Doch die Lösung aller Probleme liegt nicht darin, das Ich von A bis Z zu durchleuchten, sondern im Machen – und in der selbstvergessenen Lust daran. Oder wie es Erich Kästner treffend formulierte: »Es gibt nichts Gutes, außer man tut es.«

DANKSAGUNG

Seit meinem Ausflug auf den Hohen Peißenberg ist eine ganze Weile vergangen, aber ich denke immer noch gerne an jenen Tag zurück. Für die erstaunliche Tatsache, dass die dort entstandene Buchidee kein Hirngespinst blieb, habe ich vielen Menschen zu danken:

Den Literaturagenten Michael Gaeb und Eva Semitzidou für ihre Begeisterung und tatkräftige Unterstützung sowie meinen Lektorinnen Ulrike Gallwitz und Sabine Cramer für ihre wertvollen, geduldigen Kommentare. Carsten Könneker und dem gesamten Redaktionsteam von Gehirn&Geist für die Möglichkeit, während einer Büroauszeit am Manuskript zu feilen. Christina Meyberg fürs Korrekturlesen und Simone Eberhart für ihre Recherchearbeit. Tim Hagemann für seine Hinweise zum Thema seelische Gesundheit, Iris Mauss für die Nachhilfe in Sachen »ironisches Denken«. Mit Nikolas Westerhoff und Joachim Krüger besprach ich die Fallstricke der psychologischen Forschung, Martin Bohus und Jürgen Margraf erläuterten mir ihre Sicht auf psychische Leiden und ihre Therapie.

Ein Dank ohne Worte gilt meiner Frau Türkan Ayan, die mich viele Abende lang entbehrte. Ich danke meiner Mutter, deren Gemütsruhe wohl hier und da im Buch durchscheint, und natürlich – der tapferen Jutta.

Heidelberg, im Mai 2012

ANMERKUNGEN

VORWORT

1 Gebhardt 2002, S. 175
2 In seiner »Anleitung zum Unglücklichsein« beschrieb der österreichische Psychotherapeut Paul Watzlawick, wie das Streben nach Glück zur sicheren Quelle der Beklemmung wird, indem es zu paradoxem Handeln verleitet. »Auf Befehl etwas spontan zu tun ist ebenso unmöglich, wie vorsätzlich zu vergessen oder absichtlich tiefer zu schlafen.« (Watzlawick 1983, S. 91f.)
3 Lütz 2009, S. 184

1 MODERNE SCHAMANEN

1 Alle genannten Zeitschriftentitel erschienen im Oktober/November 2011.
2 Abruf am 17. 5. 2012
3 Laut Bundesverband für Sekten- und Psychomarktberatung e. V. setzt allein die esoterische Psychobranche rund 20 Milliarden Euro jährlich um. Andere Schätzungen gehen von bis zu 35 Milliarden aus (siehe Kramer 2010).
4 Die geschützte Berufsbezeichnung »Psychologischer/ Ärztlicher Psychotherapeut« ist studierten Psychologen oder Medizinern mit mehrjähriger Ausbildung in einem anerkannten »Richtlinienverfahren« (Verhaltenstherapie, Psychoanalyse oder tiefenpsychologische Gesprächstherapie) vorbehalten. Sie können die Kosten von Behandlungen über die Krankenkassen abrechnen. Da die Therapeutensitze vom Gesundheitssystem künstlich knapp gehalten werden, blüht parallel der Markt der Alternativheiler und Psychoberater. Deren genaue Zahl ist unbekannt,

auch weil die Grenzen zu Businesscoaching, Wellness und Esoterik fließend sind. Die mangelnde Transparenz der Methoden
erschwert es zusätzlich, seriöse Therapie von Quacksalberei zu
unterscheiden (mehr dazu in Kap. 5).

5 www.miraven-travel.com

6 Mauss, Tamir, Anderson & Savino 2011

7 Die Forscher ziehen in einem Übersichtsartikel zum Thema
Glücksstreben den Schluss: »Wer versucht, positive Emotionen
zu vermehren, kann damit das Gegenteil bewirken, während das
Akzeptieren negativer Gefühle vorteilhaft sein kann.« (Gruber,
Mauss & Tamir 2011, S. 227; eigene Übers.)

8 Wegner 1994 und 2009

9 Wegner 1987

10 Bergsma 2008

11 Paul 2001

12 Benannt nach dem amerikanischen Zirkuspionier und Politiker
Phineas Taylor Barnum (1810–1891), dessen buntes Kuriositä-
tenkabinett für jeden Geschmack etwas bot.

13 Jaeggi & Möller 2003, S. 47

14 Ibid., S. 48

2 DAS FREMDE ICH

1 Dutton & Aron 1974. Das Experiment wurde inspiriert von einer
bis heute einflussreichen Theorie, nach der Emotionen aus der
gedanklichen Bewertung körperlicher Erregung entstehen
(siehe auch das Kapitel »Emotionen und Gefühle« in Damasio
2011, S. 121–142).

2 Bargh, Chen & Burrows 1996

3 Duguid & Goncalo 2012

4 Mussweiler, Rüter & Epstude 2004

5 Duval & Silvia 2002

6 Das deutsche Wort *Selbstbewusstsein* beschreibt ein positives Zu-
trauen in das eigene Können, *Self-consciousness* im Englischem
dagegen eher die Neigung, sich seiner Schwächen bewusst zu
sein. Vielleicht ist auch das ein Grund dafür, warum vor allem
angelsächsische Forscher die Fallstricke des »Selbst-Bewusst-
seins« untersuchten.

7 Das meiste Gelernte *wissen* wir nicht, sondern wir *können* es. Die Erinnerung an Fakten (»Wie hieß der Bundespräsident?«) und der Abruf erworbener Fähigkeiten (etwa mit Stäbchen essen) beruhen auf unterschiedlichen Vorgängen. So sollte man auch »das Unbewusste« nicht als monolithische Einheit betrachten, sondern als Überbegriff für alles, was unserer Aufmerksamkeit entgeht.

8 Dem menschlichen Unvermögen, kommende Gefühlszustände vorherzusagen, hat der Psychologe Daniel Gilbert von der Harvard University viele Studien gewidmet. Sie erklären unter anderem, warum wir den Einfluss äußerer Ereignisse auf unser Wohlbefinden überschätzen: Ob Jobverlust oder Lottogewinn – unser Befinden pendelt sich selbst nach einschneidenden Erlebnissen meist rascher als gedacht wieder auf Ausgangsniveau ein (mehr dazu in Gilbert 2006).

9 Baumeister 1998

10 Wilson & Schooler 1991

11 Die israelische Soziologin Eva Illouz übertrug das Modell der »verbalen Überlagerung« auf die Thematisierung seelischer Befindlichkeiten: »Weil die therapeutische Erzählung Notlagen des Selbst diskutiert, etikettiert und erklärt, ist das Selbst gehalten, sich im Licht eines Bergs von emotionalen und psychischen Problemen zu begreifen. Statt tatsächlich dabei zu helfen, mit den Widersprüchen und Zwickmühlen der modernen Identität zurechtzukommen, vertieft der psychologische Diskurs sie womöglich nur.« (Illouz 2009, S. 405)

12 Ap Dijksterhuis prägte dafür die Bezeichnung »unbewusstes Denken«, worunter er alle Formen der impliziten, unserer Aufmerksamkeit verborgenen Informationsverarbeitung zusammenfasst (siehe Dijksterhuis 2010 oder die Webseite www.unconsciouslab.com).

13 Scheibehenne, Greifeneder & Todd 2009

14 Das gilt, in abgeschwächter Form, auch für Menschen am unteren Rand des Einkommensspektrums. Man muss nicht reich sein, um bei der persönlichen Lebensgestaltung mit einer Fülle von Optionen und Angeboten konfrontiert zu werden.

15 Schwartz 2012, S. 11

16 Die Psychologen Christopher Chabris und Daniel Simons demonstrierten das in einem beeindruckenden Kurzfilm. Schon

eine simple Ablenkungsaufgabe (»Zählen sie die Pässe der Basketballspieler in den weißen T-Shirts!«) führt dazu, dass wir das Offensichtlichste ausblenden. Sehen Sie selbst: www.youtube.com/watch?v=vJG698U2Mvo.

17 »Ich-Syntonie« – die Blindheit für persönliche Eigenarten und Verzerrungen – gilt als Begleiterscheinung von psychischen Störungen wie Borderline oder Schizophrenie. In milderer Form »leidet« jeder von uns daran.

18 Mehr dazu in Trivers 2011

19 Degen 2000, S. 15

20 So schätzen leicht depressive Menschen ihre Fähigkeiten häufig realistischer ein als der Durchschnittsbürger (Wilson & Dunn 2004). Zu den typischen Täuschungen der gesunden Psyche siehe Taylor & Brown 1988.

3 IMMER AUF NUMMER SICHER

1 Bild-Zeitung vom 29. 11. 2011, S. 4

2 Fuchs & Huber 2005, S. 23f.

3 Ibid.

4 Archer 2012, S. 7 (eigene Übers.)

5 Ibid., S. 8

6 Moskowitz 2001, S. 279 (eigene Übers.)

7 Laut dem US-Journalisten Steve Salerno im Jahr 2005 schätzungsweise 9,6 Milliarden (siehe Salerno 2006).

8 www.psychotherapiepraxis.at

9 Sloterdijk 2010

10 Ingenkamp 2012, S. 326f.

11 Laut dem Zürcher Schlafforscher Jürgen Zulley (mündl. Mitteilung)

12 Manchen Menschen scheint das von Natur aus besser zu gelingen als anderen. Niederländische Psychologinnen befragten erfolgreiche Powerfrauen zu ihrer gefühlten Stressbelastung. Resultat: Je reicher sie ihr Familienleben empfanden, desto mehr »kickte« sie das auch im Job – und umgekehrt (Van Steenbergen & Ellemers 2009).

4 DIE NORMALITÄT WIRD ABGESCHAFFT

1 Bestseller wie Sarah Kuttners »Mängelexemplar«, Miriam Meckels »Brief an mein Leben« oder Sebastian Schlössers »Liebe Marie, Papa hat ne Meise« zeugen davon ebenso wie die Berichte über Burnout-Opfer, etwa den Politiker Mathias Platzeck oder Fußballtrainer Ralf Rangnick, um nur einige zu nennen.

2 Ehrenberg, Alain (2004) Das erschöpfte Selbst: Depression und Gesellschaft in der Gegenwart. Campus, Frankfurt am Main (Original: La Fatigue d'etre soi. Editions Odile Jacob, Paris 1998)

3 16,5 Prozent, laut TK-Gesundheitsreport 2010

4 Laut Deutsche Rentenversicherung 2011

5 Wittchen et al. 2011

6 Siehe zum Beispiel Jacobi 2009

7 Aufgrund der gestiegenen Lebenserwartung schlagen auch degenerative Hirnerkrankungen wie Alzheimer oder Parkinson zu Buche (siehe Wittchen et al. 2011).

8 Hinzu kommt ein weiterer, schwer zu beziffernder Faktor, auf den etwa Heike Dierbach hinweist: »Wie viele Menschen sich eine Krankschreibung oder den Vorruhestand aufgrund psychischer Probleme erschummeln, lässt sich nicht beziffern.« (Dierbach 2009, S. 9)

9 Freudenberger 1974

10 Tatsächlich trifft die heutige Beschreibung von Burnout ebenso auf die in den offiziellen Diagnosehandbüchern geführte Erschöpfungsdepression zu. Doch Burnout klingt deutlich besser.

11 Beard 1869

12 Zitiert nach Ehrenberg 2004, S. 4

13 Ibid., S. 41

14 Streeck 2000

15 Populär gemacht hat diesen Begriff der Journalist Ray Moynihan (Moynihan 2002). Siehe auch Blech 2003 und 2005 sowie Bartens 2005.

16 Burgmer, Driesch & Heuft 2003

17 Blech 2003, S. 100

18 Davison, Neale & Hautzinger 2007, S. 4

19 Die offizielle Definition von Gesundheit als »Zustand vollkommenen Wohlbefindens« durch die WHO ebnete diesem Trend

bereits 1946 den Weg. Ein so hoher Anspruch macht Gesundheit zu einem extrem seltenen Gut.

20 Laut Hochrechnungen der Barmer-GEK

21 Nach Angaben der Hans-Böckler-Stiftung: www.boeckler.de/ pdf/p_mbf_regellungsluecke.pdf (siehe Bödeker & Friedrichs 2011)

22 Laut Barmer GEK-Krankenhausreport 2011 (siehe https://www.barmer-gek.de/122741)

5 EVIDENZ STATT EMINENZ

1 Heim 2009, S. 18

2 Mündl. Mitteilung

3 Mehr dazu in Dierbach 2009

4 Ibid., S. 8

5 Ibid.

6 Kaptchuk 2010

7 Margraf 2009

8 Wittmann 2011 (siehe www.tk.de/centaurus/servlet/content-blob/342002/Datei/54714/TK-Abschlussbericht2011–Qualitaetsmonitoring-in-der-Psychotherapie.pdf)

9 Luborsky 1999

10 Die wichtigsten Prinzipien in der Psychotherapieforschung erklärt Bandelow 2011, S. 357–362

11 Feinstein 2008

12 Szemerszky, Köteles, Lihi & Bárdos 2010

13 Freud 1895, S. 312

14 Degen 1996, S. 136.

15 Heim 2009, S. 204.

16 »Man muss schon unterscheiden zwischen einem relativ stabilen Anteil von psychisch Kranken in der Gesellschaft (auch wenn die Störungen historischem Wandel unterliegen), denen oft genug nicht geholfen wird, weil sie psychologische Hilfe nicht annehmen können oder wollen, und der inflationären Inanspruchnahme von allen möglichen Therapieformen zum Zwecke der Sinnsuche und Selbstverwirklichung.« (Gebhardt 2002, S. 153)

17 Laut Bundespsychotherapeutenkammer 2011 (siehe www.bptk.de)

6 ERFORSCHT UND BEWIESEN?

1 Sydow 2007

2 Neben der tiefenpsychologisch orientierten Gesprächstherapie und der Verhaltenstherapie zählt sie zu den gesetzlich anerkannten Richtlinienverfahren. Für eine umfassende, immer noch lesenswerte Kritik an der Psychoanalyse als erklärende Wissenschaft siehe Zimmer 1986.

3 Methoden wie das sogenannte Priming, mit denen die implizite (unbewusste) Informationsverarbeitung in neuerer Zeit erforschbar wurden, schildert etwa Wilson 2007.

4 Siehe Lilienfeld, Lynn, Ruscio & Beyerstein 2010 (Dieses Buch besser im englischen Original lesen, da die deutsche Übersetzung die Hälfte der ursprünglich 50 entlarvten Mythen unterschlägt).

5 Rauscher, Shaw & Ky 1993 (Eine ausführlichere Schilderung des Experiments und seiner Folgen findet sich in Chabris & Simons 2011, S. 249–265.)

6 Campbell 1997

7 Robins 2010

8 Um die 20. Schwangerschaftswoche reagieren ungeborene Kinder erstmals auf Töne, etwa ab der 30. Woche ist Aktivität in den Hörarealen des Gehirns nachweisbar (siehe Hepper & Shahidullah 1994).

9 Mehr dazu in Stroebe 2011

10 McNally, Bryant, & Ehlert 2003

11 Schütz 2005

12 Chabris & Simons 2011, S. 308

13 Mehr dazu in Ariely 2008 und Gigerenzer 2007

14 Seligman 2003

15 Siehe Ehrenreich 2010, S. 170–223

16 Bischof 2008, S. 567

7 DIE STATISTISCHE WÜNSCHELRUTE

1 Dass Churchill dies tatsächlich jemals gesagt hat, ist sehr unwahrscheinlich (siehe Barke 2004).

2 Männer zeigen bei IQ-Tests im Schnitt leichte Vorteile bei räumlichen-konstruktiven Aufgaben, Frauen auf sprachlichem Gebiet. Auf eine Geschlechtspräferenz im Umgang mit Zahlen deutet dagegen nichts hin. Allerdings können Vorurteile das Verhalten beeinflussen: Grundschülerinnen, die von besonders »matheängstlichen« Lehrerinnen unterrichtet werden, schneiden im Rechnen schlechter ab als jene ohne negative Einflüsterung (siehe Beilock, Gunderson, Ramirez & Levine 2010).

3 Psychologen sprechen vom »Confirmation Bias« – der Neigung, jedes neuerliche Aufschnappen einer Information als Bestätigung für deren Wahrheitsgehalt zu werten.

4 Henrich, Heine & Norenzayan 2010. Das Akronyme WIERD steht für Western, Educated, Industrailized, Democratic – den Hauptkennzeichen der Standardprobanden psychologischer Studien.

5 Was es bedeutet, die erstbesten Testkandidaten zu rekrutieren, egal wie verallgemeinerbar die an ihnen gewonnenen Ergebnisse sind, illustriert der Journalist David H. Freedman so: »Jemand sieht, wie ein anderer in der Nacht etwas unter der Laterne sucht, und fragt, was denn fehle. Der Schlüsselbund. Auf die Frage, ob der Schlüsselbund denn auch ganz sicher hier verloren gegangen sei, sagt der Suchende: *Das nicht, aber hier habe ich wenigstens Licht zum Suchen.*« (Freedman 2010, S. 57)

6 Hierbei handelt es sich nur um die Quote der »falsch Positiven«, die auf einen bedeutsamen Effekt hindeuten, obwohl die zugrunde liegende Annahme falsch ist. Die zweite Art von Fehlern – wenn tatsächliche Unterschiede im Test nicht signifikant erschienen – kommt noch hinzu, ist aber schwerer zu beziffern.

7 Wenn Replizierungen – also Versuchen, die Resultate anderer Forscher zu wiederholen – misslingen, ist dies durchaus aufschlussreich. Allerdings muss man die Fehlschläge dafür auch zur Kenntnis nehmen.

8 Simmons, Nelson & Simonsohn 2011

9 Die Fehlerwahrscheinlichkeit p muss durch die Anzahl der Rechengänge dividiert werden. Gilt bei einem Hypothesentest also

p = .05, so dürfen bei zwei Test nur noch .025 zugrunde gelegt werden, bei fünf entsprechend .01.

10 Bennett, Baird, Miller & Wolford 2010. Eine ernsthaftere Auseinandersetzung mit den methodischen Fallstricken von Hirnscanstudien in der Psychologie bieten Vul, Harris, Winkielman & Pashler 2009.

11 Ioannides 2005

12 Paulus 2010

13 Stapel & Lindenberg 2011 (Nach dem Betrugsverdacht gegen Stapel zog Science, eines der renommiertesten Wissenschaftsjournale der Welt, den Artikel zurück.)

14 Bem 2011

15 Laut Angaben der weltweit größten Psychologie-Datenbank PsycINFO der American Psychological Association (APA) mit einem Gesamtbestand von mehr als 3 Millionen Einträgen (siehe www.apa.org)

16 Die Haarfarbe hängt nicht mit der Intelligenz zusammen, doch erfolgreiche Broker haben einen im Vergleich zum Zeigefinger eher langen Ringfinger! Der Grund: Der Testosterongehalt im Blut beeinflusst das Fingerlängenverhältnis – und macht nebenbei aggressiver, was an der Börse offenbar von Vorteil ist (siehe Coates, Gurnell & Rustichini 2009).

17 Topolinski 2011

18 Jones, Pelham, Carvallo & Mirenberg 2004

19 Nuttin 1987

20 Miller, Tybur & Jordan 2007

21 Baaren, Holland, Steenaert & Knippenberg 2003

22 Greenwald, McGhee & Schwartz 1998 (mehr zur Diskussion um den IAT in Westerhoff 2007).

8 »DAS MUSS ICH ERST VERARBEITEN«

1 So zeigen mehrere Untersuchungen, dass die Ergebnisse psychologischer Studien überzeugender wirken, wenn sie mit »Hirndaten« untermauert werden (zum Beispiel McCabe & Castel 2008). Für eine Entkräftung der populärsten Neuromythen siehe Schleim 2012.

2 Wiseman 2010, S. 10f.

9 DUMMDEUTSCH MIT SCHUSS

1 Gebhardt 2002, S. 173
2 Winawer, Witthoft, Frank, Wu, Wade & Boroditsky 2007
3 Pörksen 1988, S. 11

10 GUT, BESSER – ICH!

1 Ingenkamp 2012, S. 329
2 Paulus 2010
3 Siehe Frith 2010
4 Mehr zu dem nachfolgend geschilderten Experiment und der Expertenbefragung in Tetlock 2005
5 Eine spannende Versuchsreihe zur Stigmatisierung von Erfolgsmenschen stammt von Boven, Campbell & Gilovich 2010

11 DAS VERMESSENE SELBST

1 Forer 1949
2 Laut den Psychologen Paul Costa und Robert McCrea lässt sich die Persönlichkeit des Menschen anhand von fünf Dimensionen beschreiben: Neurotizismus (emotionale Labilität), Extraversion, Offenheit für Erfahrungen, Gewissenhaftigkeit und Verträglichkeit. In einem speziellen Fragenkatalog, dem NEO-FFI (NEO steht für die ersten drei genannten Eigenschaften, FFI für »Fünf-Faktoren-Inventar«) kann man sie in knapp einer halben Stunde grob einschätzen (für die deutsche Testversion siehe Borkenau & Ostendorf 2008).
3 Myers 1962
4 Reynierse 2009
5 Paul 2005, S. 134
6 Diese Annahme beruht auf dem Irrglauben, je mehr Sauerstoff man über die jeweilige Seite ins Gehirn bugsiere, desto stärker werde dessen Leistung angeregt. Das Wechselschnaufen hat darauf keinerlei Auswirkungen.
7 www.apa.org/pubs/databases/news/2014/05/psyctests-milestone.aspx

8 Siehe Korczak, Kister & Huber 2010. Laut den Autoren dieser Überblicksarbeit liegt ein wichtiger Grund dafür, dass es keine statistisch verlässlichen Daten zur Burnout-Diagnose gibt, in der Schwammigkeit dieses Konzepts: »Die Schwierigkeit besteht darin, etwas zu messen, das nicht eindeutig definiert ist« (S. 1).

9 Gebhardt 2001, S. 38

10 Mehr zur »Twins Early Development Study« (TEDS), einer der größten Zwillingsstudien überhaupt, unter: www.teds.ac.uk (siehe auch Zimmer 2012).

11 Siehe Gardner 2002

12 Goleman 1997

13 Das berichteten Mediziner der Universität Greifswald nach Auswertung von statistischen Daten über die zwischen 1992 und 2007 an Herz-Kreislauf-Versagen gestorbenen Deutschen. Demnach wurden im November geborene Frauen im Schnitt gut 7 Monate älter als Maikinder, bei den Männern betrug der Unterschied sogar mehr als 11 Monate. Die Gründe sind bislang unklar (siehe Reffelmann, Ittermann, Empen, Dörr & Felix 2011).

12 RECHNERISCH UNMÖGLICH

1 Alle Zitate aus ZeitMagazin 43, 20. Oktober 2011, S. 113

2 Laut verschiedenen Schätzungen, etwa die der Hamburger Agentur Online-Patnersuche.de (siehe www.online-partnersuche.de/images/studien/Online-Markt-Deutschland-Studie.pdf; Abruf am 28. 5. 2012)

3 www.infratest-dimap.de

4 Lenton & Francesconi 2010

5 Todd, Penke, Fasolo & Lenton 2007

6 Dyrenforth 2010

7 Finkel, Eastwick, Karney, Reis & Sprecher 2012

8 Todd, Penke, Fasolo & Lenton 2007

9 Interview in Frankfurter Allgemeine Sonntagszeitung 33, 16. 8. 2009, S. 47

10 Carrière & Gottman 1999. Eine ausführlichere Schilderung der Arbeiten John Gottmans findet sich in Gladwell 2005, S. 25–40.

13 NUR DAS BESTE FÜRS KIND

1 Seit dem Babyboom Anfang der 1960er-Jahre, als jede Frau durchschnittlich 2,5 Kinder zur Welt brachte, sank diese Zahl mit leichten Schwankungen auf 1,39 im Jahr 2010. Im gleichen Zeitraum stieg das Geburtsalter der Mütter um rund 5 Jahre auf 30,5 (laut Statistischem Bundesamt 2012).

2 Siehe www.kas.de/wf/de/33.13023

3 Furedi 2002

4 Van der Bruggen, Stams & Bögels 2008

5 Sandseter & Kennair 2011

6 Ball 2004

7 www.bfarm.de

8 Morrow, Garland, Wright, Maclure, Taylor & Dormuth 2012

9 Als Beispiel für *Disease Mongering* wertet den heutigen ADHS-Boom etwa Phillips 2006.

10 Lau 2011, S. 14

11 Goldberg, Prause, Lucas-Thompson & Himsel 2008

12 Bowlby 1982

13 Van Ijzendoorn 1995

SCHLUSS

1 Mary 2003, S. 12–14; mit freundlicher Genehmigung des Autors, alle Rechte vorbehalten (www.michaelmary.de)

2 Dodds, Harris, Klouman, Bliss & Danforth 2011

3 Siehe Kahneman 2012, S. 496–501

4 Mor & Winquist 2002

5 Siefer & Weber 2006, S. 292f.

6 Mancher glaubt, wir würden schon zu viel im gedankenlosen Automatikmodus agieren und verweist etwa auf Studien, denen zufolge wir nicht einmal ein Zehntel unserer Zeit selbstaufmerksam sind (siehe Csíkszentmihályi & Figurski 1982). Die Quote wirkt bescheiden, doch: Selbstbeschau strengt extrem an und verleitet zu Fehlern!

7 Mary 2003, S. 256f.

8 Pyszczynski, Greenberg, Solomon, Arndt & Schimel 2004

LITERATURVERZEICHNIS

Archer, Dale (2012) *Better Than Normal. How What Makes You Different Can Make You Exceptional.* Crown: New York.

Ariely, Dan (2008) *Denken hilft zwar, nützt aber nichts.* Droemer Knaur: München (Original: *Predictably Irrational. The Hidden Forces That Shape Our Decisions.* HarperCollins: London 2008).

Baaren, Rick B. van; Holland, Rob W.; Steenaert, Bregje & Knippenberg, Ad van (2003) *Mimicry for money: Behavioral consequences of imitation.* Journal of Experimental Social Psychology 39(4) S. 393–398.

Bakermans-Kranenburg, Marian J.; van IJzendoorn, Marinus H. & Juffer, Femmie (2003) *Less is more: Meta-analyses of sensitivity and attachment interventions in early childhood.* Psychological Bulletin 129(2), S. 195–215.

Ball, David J. (2004) *Policy issues and risk–benefit trade-offs of ›safer surfacing‹ for children's playgrounds.* Accident Analysis and Prevention 3, S. 661–670.

Bandelow, Borwin (2010) *Wenn die Seele leidet. Handbuch der psychischen Erkrankungen.* Rowohlt: Reinbek.

Bargh, John A. & Chartrand, Tanya L. (1999) *The Unbearable Automaticity of Being.* American Psychologist 54 (7), S. 462–479.

– ders. Chen, Mark & Burrows, Lara (1996) *Automaticity of social behaviour: Direct effects of trait construct and stereotype activation of action.* Journal of Personality and Social Psychology 71(2), S. 230–244.

Barke, Werner (2004) *Churchill: »Ich glaube nur der Statistik, die ich selbst gefälscht habe ...«.* Monatsheft des Statistischen Landesamts Baden-Württemberg 11, S. 50–53.

Bartens, Werner (2005) *Die Krankmacher. Wie Ärzte und Patienten immer neue Krankheiten erfinden.* Droemer Knaur: München.

Bartolini, Stefano; Bilancini, Ennio & Sarracino, Francesco (2011) *Predicting the trends for subjective well-being in Germany: How much do*

Comparisons, Adaption and Sociability Matter? SOEPpapaers 414, DIW: Berlin.

Baumeister, Roy F.; Bratslavsky, Ellen; Muraven, Mark & Tice, Dianne M. (1998) Ego depletion: Is the active self a limited resource? Journal of Personality and Social Psychology 74(5), S. 1252–1265.

– ders. & Exline, Julie J. (1999) Virtue, personality, and social relation: Self-Control as the moral muscle. Journal of Personality 67, S. 1165–1194.

– ders. & Tierney, John (2012) Die Macht der Disziplin. Wie wir unseren Willen trainieren können. Campus: Frankfurt am Main (Original: Willpower. Rediscovering the Greatest Human Strength. Penguin: New York 2011).

Beard, George Miller (1869) Neurasthenia, or nervous exhaustion. The Boston Medical and Surgical Journal 3(13), S. 217–221.

Beilock, Sian L.; Gunderson, Elizabeth A.; Ramirez, Gerardo & Levine, Susan C. (2010) Femals teachers' math anxiety affects gils' math achievement. Proceedings of the National Academy of Sciences USA 107(5), S. 1860–1863.

Bem, Daryl J. (2011) Feeling the future: Experimental evidence for anomalous retroactive influences on cognition and affect. Journal of Personality and Social Psychology 100, S. 407–425.

Bennett, Craig M.; Baird, Abigail A.; Miller, Michael B. & Wolford, George L. (2010) Neural correlates of interspecies perspective taking in the post-mortem Atlantic Salmon: An argument for proper multiple comparisons correction. Journal of Serendipitous and Unexpected Results 1, S. 1–5.

Bergsma, Ad (2008) Do self-help books help? Journal for Happiness Studies 9, S. 341–360.

Bischof, Norbert (2008) Psychologie. Ein Grundkurs für Anspruchsvolle. Kohlhammer: Stuttgart.

Blech, Jörg (2003) Die Krankheitserfinder. Wie wir zu Patienten gemacht werden. S. Fischer: Frankfurt am Main.

– ders. (2005) Heillose Medizin. Fragwürdige Therapien und wie Sie sich davor schützen können. S. Fischer: Frankfurt am Main.

Bödeker, Wolfgang & Friedrichs, Michael (2011) Kosten der psychischen Erkrankungen und Belastungen in Deutschland. In: Lothar Kamp, Klaus Pickshaus (Hrsg.): Regelungslücke psychische Belastungen schließen. Böckler impuls 16, S. 69–102.

Borkenau, Peter & Ostendorf, Fritz (2008) NEO-Fünf-Faktoren-Inventar nach Costa und McCrea. Hogrefe: Göttingen.

Boven, Leaf van; Campbell, Margeret C. & Gilovich, Thomas (2010) *Stigmatizing materialism: On stereotypes and impressions of materialistic and experimental pursuits.* Personality and Social Psychology Bulletin 36(4), S. 551–563.

Bowlby, John (1982) *Bindung – Eine Analyse der Mutter-Kind-Beziehung.* Kindler: München. (Original: *Attachment and Loss.* Hogarth Press: London 1969.)

Burgmer, Markus; Driesch, Georg & Heuft, Gereon (2003) *Das »Sissi-Syndrom« – eine neue Depression?* Der Nervenarzt 74, S. 440–444.

Campbell, Don G. (1997) *The Mozart Effect. Tapping the Power of Music to Heal the Body, Strenghten the Mind, and Unlock the Creative Spirit.* Avon Books: New York. (Deutsch: *Die Heilkraft der Musik. Klänge für Körper und Seele.* Droemer Knaur: München 1998.)

Carrière, Sybil & Gottman, John (1999) *Predicting divorce among newlyweds from the first three minutes of a marital conflict discussion.* Family Process 38 (3), S. 293–301.

Chabris, Christopher & Simons, Daniel (2011) *Der unsichtbare Gorilla.* Piper: München. (Original: *The Invisible Gorilla. And Other Ways Our Intuitions Deceive Us.* Crown: New York 2010.)

Coates, John M.; Gurnell, Mark & Rustichini, Aldo (2009) *Second-to-fourth digit ratio predicts success among high-frequency financial traders.* Proceedings of the National Academy of Sciences USA 106(2), S. 623–628.

Csíkszentmihályi, Michail (1992) *Flow: Das Geheimnis des Glücks.* Klett-Cotta: Stuttgart.

ders. & Figurski, Thomas (1982) *Self-awareness and aversive experience in everyday life.* Journal of Personality 50, S. 15–28.

Damasio, Antonio (2011) *Selbst ist der Mensch. Körper, Geist und die Entstehung des menschlichen Bewusstseins.* Siedler: München (Original: *Self Comes to Mind. Constructing the Conscious Brain.* Pantheon: New York 2010.)

Davison, Gerald C.; Neale, John M. & Hautzinger, Martin (2007) *Klinische Psychologie.* Beltz PVU: Weinheim.

Degen, Rolf (2000) *Lexikon der Psychoirrtümer. Warum der Mensch sich nicht therapieren, erziehen und beeinflussen lässt.* Eichborn: Frankfurt am Main.

– ders. (1996) *Beihilfe zum Selbstbetrug.* In: Martin, Jörg (Hg.) Psychomanie. Des Deutschen Seelenlage. Reclam: Leipzig, S. 132–144.

Dierbach, Heike (2009) *Die Seelenpfuscher. Pseudo-Therapien, die krank machen.* Rowohlt: Reinbek.

Dijksterhuis, Ap (2010) *Das kluge Unbewusste. Denken mit Gefühl und Intuition.* Klett-Cotta: Stuttgart (Original: *Het Slimme Onbewuste.* Prometheus: Amsterdam 2007).

Dodds, Peter Sheridan; Harris, Kameron Decker; Klouman, Isabel M.; Bliss, Catherine A. & Danforth, Christopher M. (2011) *Temporal patterns of happiness and information in a global social network: hedonometrics and twitter.* PLOS one 6(12), e26752.

Duguid, Michelle M. & Goncalo, Jack A. (2012) *Living large: the powerful overestimate their own heights.* Psychological Science 23, S. 36–40.

Dutton, Donald G. & Aron, Arthur P. (1974) *Some evidence for heightened sexual attraction under conditions of high anxiety.* Journal of Personality and Social Psychology 30(4), S. 510–517.

Duval, Thomas S. & Silvia, Paul J., (2002) *Self-awareness, probability of improvement, and the self-serving bias.* Journal of Personality and Social Psychology 82(1), S. 49–61.

Dyrenforth, Portia S. (2010) *Predicting relationship and life satisfaction from personality in nationally representative samples from three countries: the relative importance of actor, partner, and similarity effects.* Journal of Personality and Social Psychology 99(4), S. 690–702.

Ehrenreich, Barbara (2010) *Smile or die. Wie die Ideologie des positiven Denkens die Welt verdummt.* Kunstmann: München. (Original: Bright-Sidied. How the Relentless Promotion of Positive Thinking has Undermined America. Henry Holt, New York 2009.)

Feinstein, David (2008) *Energy Psychology: A Review of the Preliminary Evidence.* Psychotherapy: Theory, Research, Practice, Training 45(2), S. 199–213.

Finkel, Eli J.; Eastwick, Paul W.; Karney, Benjamin R.; Reis, Harry T. & Sprecher, Susan (2012) *Online dating: A critical analysis from the perspective of psychological science.* Psychological Science in the Public Interest 13(1), S. 3–66.

Forer, Bertram R. (1949) *The fallacy of personal validation: A classroom demonstration of gullibility.* Journal of Abnormal and Social Psychology 44, S. 118–123.

Fowler, James H. & Christakis, Nicholas A. (2008) *Dynamic spread of happiness in a large social network: longitudinal analysis over 20 years in the Framingham Heart Study.* British Medical Journal 377, S. a2338.

Freedman, David H. (2010) *Falsch! Warum uns Experten täuschen und wie wir erkennen, wann wir ihnen nicht vertrauen sollten*. Riemann: München. (Original: Wrong: Why Experts Keep Failing us – and how to Know when not to Trust them. Little, Brown and Comany, New York 2010.)

Freud, Sigmund (1895) *Studien über Hysterie*. Gesammelte Werke Bd. 1. S. Fischer: Frankfurt am Main.

Freudenberger, Herbert J. (1974) Staff Burn-out. Journal of Social Issues 30(1), S. 159–165.

Frith, Chris (2010) *Wie unser Gehirn die Welt erschafft*. Spektrum Akademischer Verlag: Heidelberg. (Original: *Making Up The Mind. How The Brain Creates Our Mental World*. Blackwell: London 2007.)

Fuchs, Helmut & Hubert, Andreas (2005) *Gefühlsterroristen*. dtv: München.

Furedi, Frank (2004) *Therapy Culture*. Routledge: London.

– ders. (2002) *Die Elternparanoia. Warum Kinder mutige Eltern brauchen*. Eichborn: Frankfurt am Main.

Gardner, Howard (2002) *Intelligenzen. Die Vielfalt des menschlichen Geistes*. Klett-Cotta: Stuttgart. (Original: *Intelligence Reframed. Multiple Intelligences for the 21st Century*. Basic Books: New York 1999).

Gebhardt, Miriam (2002) *Sünde, Seele, Sex. Das Jahrhundert der Psychologie*. Deutsche Verlags-Anstalt: Stuttgart, München.

Gigerenzer, Gerd (2007) *Bauchentscheidungen. Die Intelligenz des Unbewussten und die Macht der Intuition*. C. Bertelsmann: München. (Original: *Gut Feelings*. Viking: New York 2007.)

Gilbert, Daniel (2007) *Ins Glück stolpern. Über die Unvorhersehbarkeit dessen, was wir uns am meisten wünschen*. Riemann: München. (Original: *Stumbling on Happiness*. HarperCollins: New York 2006)

Gladwell, Malcolm (2005) *Blink! Die Macht des Moments*. Campus: Frankfurt am Main. (Original: *Blink! The Power of Thinking without Thinking*. Little Brown: New York 2005.)

Goldberg, Wendy A.; Prause, JoAnn; Lucas-Thompson, Rachel & Himsel, Amy (2008) *Maternal employment and children's achievement in context: A meta-analysis of four decades of research*. Psychological Bulletin 134(1), S. 77–108.

Goleman, Daniel (1997) *EQ. Emotionale Intelligenz*. Hanser: München. (Original: *Emotional Intelligence. Why it can matter more than IQ*. Bantam Books: New York 1995.)

Greenwald, Anthony G.; McGhee, Debbie E. & Schwartz, Jordan L. K. (1998) *Measuring individual differences inimplicit cognition: The implicit association test.* Journal of Personality and Social Psychology 74(6), S. 1464–1480.

Gruber, June; Mauss, Iris B. & Tamir, Maya (2011) *A dark side of happiness? How, when, and why happiness is not always good.* Perspectives on Psychological Science 6, S. 222–233.

Headey, Bruce; Muffels, Ruud & Wagner, Gert G. (2010) *Long-running German panel survey shows that personal and economic choices, not just genes, matter for happiness.* Proceedings oft he National Academy of Sciences USA 107(42), S. 17922–17926.

Heim, Edgar (2009) *Die Welt der Psychotherapie. Entwicklungen und Persönlichkeiten.* Klett-Cotta: Stuttgart.

Henrich, Joseph; Heine, Steven J. & Norenzayan, Ara (2010) *The WEIRDest People in the World.* Behavioral and Brain Science 33 (2–3), S. 61–83.

Hepper, Peter G. & Shahidullah, B. Sara (1994) *Development of Fetal hearing.* Archives of Disease in Childhood 71, S. F81–F87.

Illouz, Eva (2009) *Die Errettung der modernen Seele.* Suhrkamp: Frankfurt am Main. (Original: Saving the Modern Soul. Uniersity of California Press, London 2008.)

Ingenkamp, Konstantin (2012) *Depression und Gesellschaft. Zur Erfindung einer Volkskrankheit.* Transcript: Bielefeld.

Ioannides, John P. A. (2005) *Why most published research findings are false.* Plos Medicine 2(8), e124.

Jacobi, Frank (2009) *Nehmen psychische Störungen zu?* Report Psychologie 34, S. 16–28.

Jaeggi, Eva & Möller, Heidi (2003) *Die Rolle von Psycholog/innen in den Medien.* Organisationsberatung, Supervision, Coaching 1, S. 47–53.

Jones, John T.; Pelham, Brett W.; Carvallo, Mauricio & Mirenberg, Matthew C. (2004) *How do I love thee? Let me count the Js: Implicit egotism and interpersonal attraction.* Journal of Personality and Social Psychology 87(5), S. 665–683.

Kahneman, Daniel (2012) *Schnelles Denken, langsames Denken.* Siedler: München. (Original: Thinking, fast and slow. Farrar, Straus and Giroux: New York 2011.)

Kaptchuk, Ted J. et al. (2010) *Placebos without deception: A randomized controlled trial in irritable bowel syndrome.* Plos ONE 5(12), S. e15591.

Kluge, Alexander (2000) *Chronik der Gefühle.* Suhrkamp: Frankfurt am Main.

Korczak, Dieter; Kister, Christine & Huber, Beate (2010) *Differential-diagnostik des Burnout-Syndroms.* Schriftreihe Health Technology Assessment 105, Deutsches Institut für Medizinische Dokumentation und Information (DIMDI): München.

Kramer, Bernd (2010) *Hinters Licht geführt.* Die Zeit 28, 8. Juli.

Lau, Mariam (2011) *Jetzt lasst Mama mal in Ruhe.* ZeitMagazin 19, S. 12–16.

Lenton, Alison P. & Francesconi, Marco (2010) *How humans cognitively manage an abundance of mate options.* Psychological Science 21(4), S. 528–533.

Lilienfeld, Scott O.; Lynn, Steven Jay; Ruscio, John & Beyerstein, Barry L. (2010) *50 Great Myths of Popular Science. Shattering Widespread Misconceptions about Human Behavior.* John Wiley and Sons: New York. (Deutsch: *Warum Mozart Babys nicht schlauer macht.* Primus: Darmstadt 2011.)

Luborsky, Lester et al. (1999) *The researcher's own therapy allegiances: A »wild card« in comparing treatment efficacy.* Clinical Psychology: Science and Practice 6(1), S. 95–106.

Lütz, Manfred (2009) *Irre! Wir behandeln die Falschen. Unser Problem sind die Normalen.* Gütersloher Verlagshaus: Gütersloh.

Lyubomirsky, Sonja; Caldwell, Nicole D. & Nolen-Hoeksema, Susan (1998) *Effects of ruminative and distracting responses to depressed mood on retrieval of autobiographical memories.* Journal of Personality and Social Psychology 75, S. 166–177.

Margraf, Jürgen (2009) *Kosten und Nutzen der Psychotherapie.* Springer: Berlin, Heidelberg.

Mary, Michael (2003) *Die Glückslüge. Vom Glauben an die Machbarkeit des Lebens.* Lübbe: Bergisch Gladbach.

Mauss, Iris B.; Tamir, Maya; Anderson, Craig L. & Savino, Nicole S. (2011) *Can seeking happiness make people happy? Paradoxical effects of valuing happiness.* Emotion, doi: 10.1037/a0022010

McCabe, David P. & Castel, Alan D. (2008) *Seeing is believing: The effect of brain images on judgments of scientific reasoning.* Cognition 107(1), S. 343–352.

McNally, Richard J.; Bryant, Richard A. & Ehlert, Anke (2003) *Does early psychological intervention promote recovery from posttraumatic stress?* Psychology in the Public Interest 4(2), S. 45–79.

Miller, Geoffrey; Tybur, Joshua M.; Jordan, Brent D. (2007) *Ovulatory cycle effects on tip earnings by lap dancers: Economic evidence for human estrus?* Evolution and Human Behavior 28, S. 375–381.

Mor, Nilly & Winquist, Jennifer (2002) *Self-focused attention and negative affect: a meta-analysis.* Psychological Bulletin 128 (4), S. 638–662.

Morrow, Richard L. et al. (2012) *Influence of relative age on diagnosis and treatment of attention-deficit/hyperactivity disorder in children.* Canadian Medical Association Journal 184(7), S. 755–762.

Moskowitz, Eva S. (2001) *In Therapy We Trust. America's Obsession With Self-fullfillment.* Johns Hopkins University Press: Baltimore.

Moynihan, Ray (2002) *Selling sickness: The pharmaceutical industry and disease mongering.* British Medical Journal 324, S. 886–891.

Mussweiler, Thomas; Rüter, Katja & Epstude, Kai (2004) *The man who wasn't there. Subliminal social standards influence self-evaluation.* Journal of Experimental Social Psychology 40, S. 689–696.

Myers, Isabel B. (1962) *Manual: The Myers-Briggs Type Indicator.* Consulting Psychologists Press: Palo Alto.

Nisbett, Richard E. & Wilson, Timothy D. (1977) *Telling more than we can know: Verbal reports on mental processes.* Psychological Review 84, S. 231–259.

Nuttin, Jozef M. Jr. (1987) *Affective consequences of mere ownership: The name letter effect in twelve european languages.* European Journal of Social Psychology 17(4), S. 381–402.

Paul, Annie Murphy (2001) *Self-help: Shattering the myths.* Psychology Today 34(2), S. 60–66.

– dies. (2005) *The Cult of Personality Testing.* Simon & Schuster: New York.

Paulus, Jochen (2010) *Überschätzte Glücksbringer.* Gehirn & Geist 3, S. 68–73.

Pelham, Brett W.; Mirenberg, Matthew C. & Jones, John T. (2002) *Why Susie sells seashells by the seashore: Implicit egotism and major life decisions.* Journal of Personality and Social Psychology 82(4), S. 469–487.

Phillips, Christine B. (2006) *Medicine goes to school: Teachers as sickness brokers for ADHD.* PLOS Medicine 3(4), e182.

Pörksen, Uwe (1988) *Plastikwörter.* Klett-Cotta: Stuttgart.

Pyszczynski, Tom; Greenberg, Jeff; Solomon, Sheldon; Arndt, Jamie & Schimel, Jeff (2004) *Why do people need self-esteem? A theoretical and empirical review.* Psychological Bulletin 130(3), S. 435–468.

Rauscher, Francis H.; Shaw, Gordon L. & Ky, Katherine N. (1993) *Music and spatial performance*. Nature 365, S. 611.

Reffelmann, Thorsten; Ittermann, Till; Empen, Klaus; Dörr, Marcus & Felix, Stephan B. (2011) *Is cardiovascular mortality related to the season of birth?: Evidence from more than 6 million cardiovascular deaths between 1992 and 2007*. Journal of the American College of Cardiology 57(7), S. 887–888.

Reynierse, James H. (2009) *The case against type dynamics*. Journal of Psychological Type 1, S. 1–21.

Robins, Brian (2010) *Mozart is Music to a Microbe's Ear*. Sydney Morning Herald, 1. November.

Rose, Nikolas (2006) *Disorders without borders? The expanding scope of psychiatric practice*. BioSocieties 1, S. 465–484.

Salerno, Steve (2006) *Sham: How The Self-Help Movement Made America Helpless*. Three Rivers Press: New York.

Sandseter, Ellen & Kennair, L. (2011) *Children's risky play from an evolutionary perspective: The anti-phobic effects of thrilling experiences*. Evolutionary Psychology 9, S. 257–284.

Scheibehenne, Benjamin; Greifeneder, Rainer & Todd, Peter M. (2009) *What moderates the too-much-choice effect?* Psychology and Marketing 26(3), S. 229–253.

Schleim, Stephan (2012) *Die 7 größten Neuromythen*. Gehirn & Geist 4, S. 38–43.

Schooler, Jonathan W. & Engstler-Schooler, Tonya Y. (1990) *Verbal overshadowing of visual memories: Some things are better left unsaid*. Cognitive Psychology 22, S. 36–71.

– ders.; Ohlsson, Stellan & Brooks, Kevin (1993) *Thoughts beyond words: When language overshadows insight*. Journal of Experimental Psychology: General 122, S. 166–183.

Schütz, Astrid (2005) *Je selbstsicherer, desto besser? Licht und Schatten positiver Selbstbewertung*. Beltz PVU: Weinheim.

Schwartz, Barry (2012) *Wie entscheiden wir?* Spektrum der Wissenschaft Spezial 1, S. 7–11.

Seligman, Martin E. P. (2003) *Der Glücksfaktor. Warum Optimisten länger leben*. Ehrenwirt: Bergisch Gladbach. (Original: *Authentic Happiness. Using the New Positive Psychology to Realize Your Potential for Lasting Fulfillment*. Simon & Schuster: New York 2002).

Siefer, Werner & Weber, Christian (2006) *Ich. Wie wir uns selbst erfinden*. Campus: Frankfurt am Main.

Simmons, Joseph P.; Nelson, Leif D. & Simonsohn, Uri (2011) *False-positive psychology: Undisclosed flexibility in data collection and analysis allows presenting anything as significant.* Psychological Science 22, S. 1359–1366.

Sloterdijk, Peter (2010) *Du musst dein Leben ändern.* Suhrkamp: Frankfurt am Main.

Stapel, Diederik A. & Lindenberg, Siegwart (2011) *Coping with chaos: How disordered contexts promote stereotyping and discrimination.* Science 332, S. 251–252.

Statistisches Bundesamt (2012) *Geburten in Deutschland.* Download: www.destatis.de

Stewart, R. E. & Chambless, D. L. (2008) *Treatment failures in private practice: How do psychologists proceed?* Professional Psychology: Research and Practice 39(2), S. 176–181.

Streeck, Ulrich (2000) *Die generalisierte Heiterkeitsstörung. Diagnose, Differentialdiagnose, Therapie.* Forum der Psychoanalyse 16, S. 116–122.

Stroebe, Wolfgang (2011) *Geheime Verführung.* Gehirn & Geist 9, S. 38–47.

Sydow, Kirsten von (2007) *Das Image von Psychologen, Psychotherapeuten und Psychiatern in der Öffentlichkeit.* Psychotherapeut 52, S. 322–333.

Szemerszky, Renáta; Köteles, Ferenc; Lihi, Réka & Bárdos, György (2010) *Polluted places or polluted minds? An experimental sham-exposure study on background psychological factors of symptom formation in ›Idiophatic Environmental Intolerance attributed to electromagnetic fields‹.* International Journal of Hygiene and Environmental Health 213(5), S. 387–394.

Taylor, Shelley E. & Brown, Jonathon D. (1988) *The illusion of well-being: A social psychological perspective on mental health.* Psychological Bulletin 103(2), S. 193–210.

Tetlock, Philip E. (2005) *Expert Political Judgement: How Good Is It? How Can We Know?* Princeton University Press: Princeton.

Todd, Peter M.; Penke, Lars; Fasolo, Barbara & Lenton, Alison P. (2007) *Different cognitive processes underlie human mate choices and mate preferences.* Proceedings of the National Academy of Sciences USA 104(38), S. 15011–15016.

Topolinski, Sascha (2011) *I 5683 You. Dialing phone numbers on cell phones activates key-concordant concepts.* Psychological Science 22(3), S. 355–360.

Trivers, Robert (2011) *Deceit and Self-Deception. Fooling Yourself the Better to Fool Others.* Allen Lane: London.

Van der Bruggen, Corine O., Stams, Geert Jan J.M. & Bögels, Susan M. (2008) *The relation between child and parent anxiety and parental control: a meta-analytic review.* Journal of Child Psychology and Psychiatry 49(12), S. 1257–1269.

Van Ijzendoorn, Marinus H. (1995) *Adult attachment representations, parental responsiveness, and infant attachment: A meta-analysis on the predictive validity of the Adult Attachment Interview.* Psychological Bulletin 117(3), S. 387–403.

Van Steenbergen, Elianne F. & Ellemers, Naomi (2009) *Is managing the work-family interface worthwile? Benefits for employees health and performance.* Journal of Organizational Behavior 30(5), S. 617–642.

Vul, Edward; Harris, Christine; Winkielman, Piotr & Pashler, Harold (2009) *Puzzlingly high correlations in fMRI studies of emotion, personality, and social cognition.* Perspectives on Psychological Science 4(3), S. 274–290.

Watzlawick, Paul (1983) *Anleitung zum Unglücklichsein.* Piper: München.

Wegner, Daniel M. (1994) *Ironic processes of mental control.* Psychological Review 101, S. 34–52.

– ders. et al. (1987) *Paradoxical effects of thought suppression.* Journal of Personality and Social Psychology 53, S. 5–13.

– ders. (2009) *How to think, say, or do precisely the worst thing for any occasion.* Science 325, S. 48–50.

Westerhoff, Nikolas (2007) *Geheime Gedanken.* Gehirn & Geist 9, S. 38–44.

Wilson, Timothy D. (2007) *Gestatten, mein Name ist Ich.* Pendo: München. (Original: *Strangers to Ourselves. Discovering the Adaptive Unconsciousness.* Belknap: Cambridge 2002.)

– ders. & Dunn, Elizabeth W. (2004) *Self-knowledge: Its limits, value, and potential for improvement.* Annual Reviews of Psychology 55(17), S. 1–26.

– ders. & Schooler, Jonathan W. (1991) *Thinking too much: Introspection can reduce the quality of preferences and decisions.* Journal of Personality and Social Psychology 60(2), S. 181–192.

Winawer, Jonathan; Witthoft, Nathan; Frank, Michael C.; Wu, Lisa; Wade, Alex R. & Boroditsky, Lera (2007) *Russian blues reveal effect of language on color discrimination.* Proceedings of the National Academy of Sciences USA 1004, S. 7780–7785.

Wiseman, Richard (2010) *Wie Sie in 60 Sekunden Ihr Leben verändern.* S. Fischer: Frankfurt am Main.

Wittchen, Hans-Ullrich et al. (2011) *The size and burden of mental disorders and other disorders of the brain in Europe 2010.* European Neuropsychopharmacology 21, S. 655–679.

– ders. & Jacobi, Frank (2005) *Size and burden of mental disorder in Europe: A critical review and appraisal of 27 studies.* European Neuropsychopharmacology 15, S. 357–376.

Wittmann, Wolfgang W. (2011) *Qualitätsmonitoring in der ambulanten Psychotherapie: Modellprojekt der Techniker Krankenkasse.* Techniker Krankenkasse: Hamburg, S. 160–164.

Zimmer, Dieter E. (1986) *Tiefenschwindel.* Rowohlt: Reinbek.

– ders. (2012) *Ist Intelligenz erblich? Eine Klarstellung.* Rowohlt: Reinbek.